edition ✛chrismon

Bibliografische Information der Deutschen Nationalbibliothek.
Die Deutsche Nationalbibliothek verzeichnet diese Publikation in der
Deutschen Nationalbibliografie; detaillierte bibliografische Daten
sind im Internet über http://dnb.d-nb.de abrufbar.

Redaktion
Elke Rutzenhöfer

Titelgestaltung
Kristin Kamprad, Hansisches Druck- und Verlagshaus GmbH

Gestaltung & Satz
Ellina Hartlaub, Hansisches Druck- und Verlagshaus GmbH

Illustrationen
Klaas Neumann

Druck und Bindung
BELTZ Bad Langensalza GmbH

Printed in Germany
ISBN 978-3-86921-112-1

Petra Bahr

HALTUNG, BITTE!

Ethische Alltagsfragen
zu Facebook, Fleischkonsum
und ehelicher Treue

edition ᛭ chrismon

Dank an Patrik Schwarz,
ohne den es die Kolumne nicht gäbe.

Petra Bahr

INHALT

SCHWIEGERMUTTER, PATIN UND WG:

Fragen rund um Familie und Erziehung

VEGETARIER, SELBSTMÖRDER UND INTERNET:

Fragen rund um Alltag und Beruf

MARIA, KIRCHENSTEUER UND ATHEISTENBESTATTUNG:

Fragen rund um Religion und Kirche

KORAN, PLAGIATE UND DIE ENERGIEWENDE:

Fragen rund um Politik und Gesellschaft

VOM ZAUBER UNERSCHROCKENER KOLUMNEN

Es gibt keine Frage, auf die sie nicht eine Antwort hätte. „Liebe Dr. Petra Bahr – ich glaube, mein drittes Auge hat sich geöffnet. Bleibt das jetzt so?", schreibt ein Leser. „Ich mag die Vereinnahmung des dritten Auges durch die Damen mit Kajal-umrandeten Augen nicht", schreibt die Kolumnistin zurück, „aber den sechsten Sinn, der die Zeichen lesen kann, die für uns sonst unsichtbar bleiben, den haben wir, das glaube ich. Das ist vermutlich das Erbe meiner dem böhmischen Spiritismus nahestehenden Großmutter und gehört sich nicht für eine ausgenüchterte Protestantin. Also nicht weitersagen."

Das ist Petra Bahr vom Feinsten: unerschrocken vor den zentralen wie den abgelegenen Fragen der Welt, mit leisem Spott für das gar zu Luftige (oder Kajal-kosmetisch Aufgesetzte), und trotzdem getragen von innerem Ernst im Umgang mit den Tiefen und Untiefen des christlichen Glaubens, den nur Verharmloser für eine kirchliche Biedermeierbeigabe bürgerlicher Behaglichkeit halten können.

Petra Bahrs Kolumnen – das sind versammelter Weltwitz und Pastoralernst in einem.

„Machen Sie sich keine zu großen Sorgen", riet sie darum jenem Leser in womöglich besorgniserregendem Zustand,

„das dritte Auge ist immer nur für einen schmalen Zeitspalt geöffnet, in den Ausnahmezuständen der Seele. Sogar Kant glaubte an diesen inneren Sinn!"

Diese Kolumnistin geht ins Risiko, in ihren Texten wie im wirklichen Leben. Als ich sie im Herbst 2010 fragte, ob sie nicht für die neu aufgelegte Publikation „Christ & Welt in der ZEIT" eine Leserrubrik übernehmen wolle, war sie in Berlin bereits mehrere Jahre überaus erfolgreich als Kulturbeauftragte der Evangelischen Kirche in Deutschland (EKD) tätig gewesen. Sie hatte ein beachtetes Buch über das Gewissen aus christlicher Perspektive geschrieben, galt als eine der führenden Protestantinnen ihrer Generation und hatte auch sonst wenig Anlass, sich auf Risiken einzulassen. Denn diese Kolumne – das vorauszuahnen war die Autorin erfahren genug im Medien- wie im Kirchengeschäft – würde gleich mehrfach eine kritische Frage aufwerfen: Geht das denn?

Geht das denn, als promovierte Theologin den Kummerpostkasten einer Zeitung zu übernehmen? Sich als Beauftragte für Hochkultur mit Lesersorgen von Facebook-Gebrauch bis Kindererziehung herumzuschlagen? Und, nicht zuletzt, geht es, als evangelische Frontfrau in der katholisch gefärbten „Christ & Welt" zu schreiben? Die Beilage der ZEIT ist schließlich aus dem Rheinischen Merkur/Christ & Welt hervorgegangen und alleine schon darum nicht mit dem evangelischen Magazin chrismon zu verwechseln.

„Geht das denn?", diese Frage könnte auch als Titel über den Kolumnen von Petra Bahr stehen, denn die abgedruckten Lesereinsendungen verbindet, dass sie allesamt Fragen an das Gewissen in seiner christlicher Ausprägung darstellen. In „Christ & Welt" erscheinen die hier versammelten Texte unter einem Rubrikentitel, der ein Imperativ ist: „Haltung, bitte!" Aus den „Geht-das-denn?"-Einwänden gegen Petra Bahrs Kolumnen aber spricht eine Haltung der Furcht, vor dem Leser, vor der Wirklichkeit, vor einer falsch verstandenen Konkurrenz von Katholisch und Evangelisch.

Natürlich – das darf man vermuten – ist auch Kolumnisten das Empfinden von Furcht nicht fremd. Aber – und das wiederum kann man Woche für Woche in „Christ & Welt in der ZEIT" nachlesen – Petra Bahrs Antwort auf die Gefahren der Furcht ist einfach, beständig und zutiefst evangelisch: Haltung, bitte!

Wer aber Haltung zeigt, provoziert. Und indem sich die Kolumnistin den Provokationen ihrer Leser aussetzt, provoziert sie ihre theologischen Kollegen. Allzu oft scheut die akademische Theologie, die evangelische wie die katholische, die unausgesetzte Provokation durch die Wirklichkeit. Statt auf die Kraft ihrer Argumente aus Vernunft und Evangelium, aus Zweifeln und Glauben, aus Welt und Christ, zu vertrauen, verschanzen Theologen sich hinter Fragen, die nur wenige interessieren, und hinter Formeln, die nur wenige verstehen. Dahinter steht manchmal Dünkel, oft aber auch nur die Angst, nicht zu bestehen, wenn man auf einmal verstanden würde. Petra Bahrs Einwürfe sind darum Vorbilder für eine angewandte Theologie der Furchtlosigkeit: Theologen müssen ihren Glauben – und sich selbst – nicht verstecken, sie dürfen sich der Welt stellen.

Der Leser, wie der Gläubige, ist immer ein Risiko, denn die Wirklichkeit ist ein Risiko. Petra Bahr sucht das Risiko um der Welt willen und gibt Antworten um Gottes Willen.

PATRIK SCHWARZ,
DIE ZEIT

und Erziehung

TABUZONE TELEFON

Dürfen wir als Eltern heimlich
die Kurznachrichten auf dem Handy
unserer vierzehnjährigen Tochter
lesen?

Welche Botschaften vermuten Sie dort? Verabredungen, Kommentare über Lehrer, Nachrichten von einem heimlichen Verehrer, Zeilen von einem Mädchen, das Sie nicht gerne in der Nähe Ihrer Tochter sähen? Für Eltern ist es nicht leicht, zuzusehen, wie die eigenen Kinder die kleinen Geräte wie Prothesen am Körper halten, immer in Kontakt zu unsichtbaren Gesprächspartnern. Wenn die Kids auf dem Sofa lümmeln, fliegen die Finger über die Tasten, wenn's beim Abendbrot piept, springen sie wie von der Tarantel gestochen auf. „Ich hab ne Nachricht", heißt es dann. Inhalt und Absender werden nicht erwähnt. „Texten" ist eher eine Lebensform als eine Art, Informationen zu versenden. In den USA ist aus den Ängsten der Eltern längst ein Geschäftsmodell geworden. Mit dem Handy kann man die Kinder den ganzen Tag über orten, ihre Gespräche abhören und ihre Nachrichten mitlesen. Technisch alles kein

Problem. Allerdings steht ein anderes Gut auf dem Spiel. Dieses Gut bleibt die Basis für eine gute Beziehung zwischen Kindern und Eltern: Vertrauen. Vertrauen ist ein ebenso teurer Schatz wie die Seltenen Erden in den kleinen Telefongeräten: eine wertvolle Ressource, die Sie auf keinen Fall verschleudern sollten. In der Pubertät steigt der Wert sogar noch. Frage zurück: Würden Sie denn auch im Tagebuch Ihrer Tochter lesen? Öffnen Sie ihre Briefe, falls so etwas Altmodisches dann und wann noch ins Haus flattert? Vermutlich nicht, auch wenn Sie vielleicht schon manchmal kurz davor gestanden haben. Kinder auf dem Weg zum Erwachsenwerden brauchen ihre Geheimnisse. Was würden Sie sagen, wenn Ihre Tochter Sie beim Ausspionieren erwischt? Wie wollen Sie ihr erklären, was Sie taten? Wenn es einen ernsthaften Anlass zur Sorge gäbe, wenn Sie Drogen oder gar Gewalt gegen Ihr Kind vermuten, kann es vielleicht auch einmal eine Ausnahme von der Regel geben. Wenn nicht, lassen Sie die Finger vom Telefon der Tochter. Bleiben Sie stattdessen mit Ihrem Kind im Gespräch. Nehmen Sie so gut es geht Anteil an seinem Leben. Schicken Sie Ihrer Tochter doch ab und zu auch mal eine Nachricht aus dem Büro oder von unterwegs. Sie werden staunen, wie einfallsreich Vierzehnjährige mit wenigen Worten umgehen können.

VERGEBEN IST NICHTS FÜR FEIGLINGE

Vor einigen Jahren habe ich den Kontakt zu meiner Schwester abgebrochen, weil Dinge vorgefallen sind, die mich tief verletzt haben. Nun will unsere alte Mutter, dass wir uns versöhnen, bevor sie stirbt. Meiner Schwester täte alles sehr leid und sie wolle sich entschuldigen. Ich müsse ihr verzeihen, sagt meine Mutter. Muss ich das?

Verzeihung kann niemand erzwingen, nicht einmal die kranke Mutter. Aber haben Sie einmal überlegt, dass Ihre Mutter gar nicht an sich, sondern an Sie, Ihre Tochter, denkt? Wie schlimm mag das, was Ihre Schwester Ihnen angetan hat, sein, wenn Sie Ihre Wunde noch nach Jahren so gut pflegen, dass sie auf keinen Fall vernarben kann? Chronische Verletzungsschmerzen quälen ja vor allem die, die nicht verzeihen können. Unwahrscheinlich, dass für den Gesprächsabbruch nur die Schwester bezahlt, obwohl das Schweigen in einer Familie eine brutale Strafe ist. Nur machen Sie sich doch auch selbst unglücklich. Hannah Arendt, die jüdische Philosophin, die mit knapper Not der Schoah entronnen ist und es sich mit dem Vergebenkönnen wirklich nicht leicht gemacht hat, hat einmal gesagt, Verzeihen sei ein Akt der Freiheit, ohne den eine menschliche Gesellschaft nicht auskommen könne. Nur im Verzeihen sei es möglich, dass die Folgen dessen, was uns geschehen ist (und was wir anderen angetan haben), uns nicht wie eine unsichtbare Fessel binden. Die Vergangenheit ist ein Tyrann, sagt sie. Verzeihen ist ein Akt des Widerstands gegen die Übermacht der schlimmen Taten, aus denen es kein Entrinnen gibt. Im Verzeihen gewinnen wir Freiheit zum Neuanfang zurück. Vergebung erlöst vom Aufrechnen, von Rachegedanken und von dem Wunsch, es dem anderen heimzuzahlen. Die böse Tat wird im Verzeihen keineswegs verharmlost. Aber sie verliert ihre boshaften Folgen über uns. Ein tollkühner Gedanke, den die Philosophin dem Leben Jesu abringt. Vergeben ist nichts für Feiglinge. Eigentlich warten wir darauf, dass uns der befreit, der uns das Leben schwer gemacht hat. Aber dieses Warten macht passiv. Holen Sie sich Ihre Freiheit zurück, indem Sie verzeihen üben. Üben kann durchaus wörtlich gemeint sein. Vergebung ist eine Gabe, die nicht nur einmal und mit großer Geste geschenkt wird. Wenn Sie Ihrer Schwester verzeihen, ist das erlittene Unrecht nicht aus der Welt. Aber es muss sich nicht mehr in den Vordergrund spielen. So kann eine Narbe wachsen und die Beziehung heilen.

NERVIGES SPIELZEUG

Meine Töchter (vier und sechs) bekommen von einer Tante immer Plastikspielzeug, das lärmt und blinkt und mir auf die Nerven geht. Am liebsten würde ich es sofort entsorgen. Mein Mann sagt, das gehöre sich nicht. Wie sehen Sie das?

Die Geschenkediplomatie braucht auch nach Weihnachten jede Menge Feingefühl. Hand aufs Herz: Welche Eltern kennen das nicht: Das eigene Reich scheint von fremden Wesen bevölkert zu sein, die man niemals selber über die Türschwelle gebeten hätte. Figuren, die blinken und Geräusche absondern, bei denen Erwachsene sich fast zu Tode erschrecken, Gummibären, die singen, sonderbare Gegenstände in grellen Farben, die nur dazu hergestellt worden sind, an den Nervenenden zu sägen. In keinem noch so gut behüteten Kinderzimmer lagern nur Bücher und Holzspielzeug. In jeder Familie scheint irgendeine Tante oder Nachbarin ein Abo auf das unliebsame Spielzeug zu haben. Nehmen Sie es vor allem nicht persönlich. Niemand will Ihre Erziehungsmethoden untergraben. Ihre Tante will nur den Großnichten eine Freude machen. Vielleicht ahnt sie auch, dass sie das Herz der kleinen Mädchen am leichtesten gewinnt, wenn sie Dinge verschenkt, die bunt, laut oder schlecht für die Zähne sind. Kinder mögen das. Wenn Ihnen das Plingpling auf die Nerven geht, können Sie ja den Einsatz des Spielzeugs auf eine Stunde pro Tag beschränken. Solange Sie mit Ihren Töchtern Zeit verbringen, wird dieser Plastikkram dem Nachwuchs nicht schaden. Die Liebe zu den Krachmachergeräten verschwindet meist so schnell, wie sie gekommen ist. Heimlich verschwinden lassen? Meinen Sie ernsthaft, die Mädchen merken das nicht? Machen Sie sich klar, dass Sie mit verächtlichen Worten auch die Tante verächtlich machen. Bleiben Sie souverän, bieten Sie den Kindern Alternativen an, wenn sie genug Rosa gesehen haben. Und setzen Sie auf den Faktor Zeit. Die Krachmachersachen halten nie lange. Haben sie ihren Batteriegeist erst mal aufgegeben und liegen stumm in der Ecke herum, werden Ihre Kinder sie selbst in der hinterletzten Ecke ihres Zimmers verstauen. Dann haben Sie Ruhe. Bis nächstes Jahr Weihnachten.

DIE SCHWIEGERMUTTER

Mein Sohn hat ein inniges Verhältnis zu mir und seiner Familie. Seit sechs Jahren ist er – wie es aussieht glücklich – verheiratet. Doch meine Schwiegertochter ist und bleibt abweisend. Ich habe versucht, ihr mit Liebe und Großzügigkeit zu begegnen. Doch nun bin ich mit meinem Latein am Ende. Mein Sohn will nicht mit ihr reden. Soll ich die Beziehung zu ihr abbrechen?

Böse Schwiegermütter sind ein beliebtes Thema, in Krimis und beim Friseur. Warum redet eigentlich niemand über die böse Schwiegertochter? „Böse" meint natürlich nicht dämonisch, sondern böse verletzend, schlimm belastet, vielleicht auch unerträglich. „Böse" ist das Kurzwort für eine belastete oder gar ruinierte Beziehung.

Wer sechs Jahre ohne Aussicht auf Besserung leidet, dessen Beziehungskrankheit wird chronisch. Ich kenne zwar nicht die Perspektive der Schwiegertochter, aber weil Menschen selten ohne Grund gemein oder seltsam sind, hat auch die Kälte der Frau Ihres Sohnes einen Grund. Empfindet sie die bleibend innige Beziehung ihres Mannes zu seiner Mutter und seiner Familie als Bedrohung? Oder ist sie so eine heile Familie schlicht nicht gewohnt? Offenbar haben Sie die Kränkung nicht stumm hingenommen. Sie haben die Gesten der Zurückweisung mit dem Angebot der Annäherung beantwortet. Sie haben mit Ihrem Sohn geredet, der Ihnen eine Erklärung aber offenbar schuldig blieb. Haben Sie auch mit Ihrer Schwiegertochter selbst geredet? Vielleicht ist ja die Nähe, die sich darin zeigt, dass Sie mit Ihrem Sohn über seine Frau reden, genau das Problem? Oder haben Sie gehofft, dass Ihre Schwiegertochter Teil der innigen Familienbande wird, aus der diese sich möglicherweise deshalb herauswindet? Schwiegertöchter müssen die angeheiratete Familie nicht lieben. Schwiegermütter müssen kein Freundinnenverhältnis zur Frau des Sohnes entwickeln. Wechselseitiger Respekt reicht. Doch den dürfen Sie verlangen. Leider ist es schwer, mit einem Menschen ins Gespräch zu kommen, der sich jeglicher Annäherung verweigert. Versuchen Sie es trotzdem. Sonst hilft oft ein Moratorium, eine Art Beziehungspause, um die Verletzungen heilen zu lassen. Verzichten Sie ein paar Monate darauf, Ihre Schwiegertochter einzuladen. Geben Sie sie innerlich frei. Dann sind Sie frei, ihr neu zu begegnen – und sie ist es auch.

NOCH MAL PATIN? NEIN!

Da ich selbst keine Familie habe, haben mich Freunde und Geschwister zur Patin gemacht. Ich bin gern mit Kindern zusammen, passe oft auf sie auf und begleite sie gern. Aber nun hat eine sehr gute Freundin mir wieder ein Patenamt angetragen. Mir wird das zu viel. Muss ich diese Ehre annehmen?

Ihre Geschwister, Freunde und Patenkinder sind zu beneiden. Denn sie haben eine Patin wie aus dem Bilderbuch: Sie mögen Kinder und haben offensichtlich einen Sinn für die Verpflichtung, die mit dem Patenamt verbunden ist: sich aktiv an der christlichen Erziehung der Kinder zu beteiligen. Das entlastet die Eltern in einer sehr sensiblen Frage. Dank Ihnen wissen sie, dass sie nicht alleine sind mit der Aufgabe, den Nachwuchs ins Leben zu begleiten. Für die Kinder ist die Zeit mit Ihnen sicher eine tolle

Abwechslung. Im ganz normalen Chaos des Erwachsenwerdens können Sie Vermittlerin, Trösterin, Beraterin oder Zuhörerin sein, der keine Kleiderfrage zu banal und kein Liebeskummer zu unbedeutend ist. Und manchmal zu geheim, um ihn mit Eltern zu teilen. Kein Wunder, dass die Wahl bei der Suche nach der geeigneten Patin so oft auf Sie fällt. Vielleicht wollen die, die Sie lieben, Sie insgeheim auch ein wenig für die entgangenen Elternfreuden entschädigen. Als Patentante sind Sie Teil der engen Familienbande, Sie gehören dazu.

Über den hehren Motiven mag aber auch ein Schatten liegen. Schnell heißt es nämlich bei den gestressten Eltern: „Die hat doch Zeit (und Geld), sie hat ja selbst keine Kinder." Ihr Leben erinnert Freunde und Geschwister vielleicht auch an das Gefühl, selbst einen Verlust in Kauf genommen zu haben. „Ach, sie hat jeden Abend frei. Wir schaffen es nicht einmal im Monat ins Kino." So wird aus der Patentante schnell die billige Babysitterin mit den teuren Geschenken. Lassen Sie sich auf diese Rolle nicht ein. Umsorgen Sie die Patenkinder, die Sie schon haben, aber signalisieren Sie Freunden und Geschwistern, dass Sie auch ein eigenes Leben haben, mit Vergnügungen und Verpflichtungen, für die Sie Freiraum brauchen. Ja, das Patenamt ist eine Ehre. Doch manchmal gibt es auch hier zu viel des Guten. Dann wird sogar das Beste schlecht, weil ein Patenamt keine lästige Pflicht oder gar eine Belastung sein sollte. Eine Patin aus Pflichtgefühl ist letztlich keine gute Lösung. Bedanken Sie sich für die Anfrage und sagen Sie Nein, damit Sie auch in Zukunft die tolle Patentante bleiben, die Sie jetzt sind.

SCHWESTERLIEBE

*Meine jüngere Schwester hatte
nie ein gutes Händchen mit Beziehungen. Seit drei Jahren ist sie
nun alleinerziehend mit zwei
Kindern. Mein Mann und ich stehen
ihr mit Rat und Tat zur Seite,
auch finanziell. Doch immer, wenn
es Konflikte gibt, hält sie mir vor,
sie habe es so schwer, wir so leicht.
Ich fühle mich ausgenutzt. Kann
ich ihr die Solidarität aufkündigen?*

Geschwisterkonstellationen halten oft ein ganzes
Leben lang. Weil Menschen es gerne klar und einfach haben, sind die Beziehungen von Kindern schon früh
nach klaren Rollen aufgeteilt wie in einem Theaterstück. Da
die Verantwortungsvolle, der vermeintlich alles gelingt, die
niemals eine Klassenarbeit verhaut und als Erwachsene eine

vorbildliche Ehe führt, dort die wilde Kleine mit den aufgeschürften Knien, einer komplizierten Schulkarriere und ein bis fünf gescheiterten Beziehungen. Man könnte die Geschichte der beiden natürlich auch anders erzählen. Aber weil alle sich an die Rollen gewöhnt haben, werden sie zur zweiten Haut, die sich nur schwer abstreifen lässt, auch wenn beide in helleren Momenten wissen, dass sie es sich bei dieser Aufteilung schön bequem gemacht haben. Ihre Schwester sieht nur Ihre vermeintlich heile Welt und Sie sehen nur die kleine Schwester, die ihr Leben nicht auf die Reihe kriegt. Deshalb fühlen Sie sich erpresst und sie wahrscheinlich bevormundet. Vermutlich finden Sie beide, die andere mache es sich zu leicht. Doch mal ehrlich: Haben Sie Ihre Schwester je um Hilfe gebeten? Oder fühlen Sie sich ihr überlegen, wenn es um die Kompetenz zum Leben geht? Weiß sie, wie sehr Sie darunter leiden, immer die Rolle der Verantwortungsbewussten zu spielen? Oder wollen Sie dem Bild der perfekten großen Schwester mit dem großzügigen Herzen nur zu gerne entsprechen? Erwarten Sie Bewunderung und Dankbarkeit statt Forderungen und Selbstmitleid?

Höchste Zeit für einen neuen Akt mit neuen Rollen. Reden Sie mit Ihrer Schwester, bevor es zu spät ist und die Verletzungen das Geschwisterverhältnis ruinieren. Wechseln Sie beide mal die Kostüme, die Ihnen so vertraut geworden sind. Zeigen Sie Schwäche und finden Sie heraus, wofür Ihre Schwester ein „gutes Händchen hat". So ein Rollenwechsel auf Probe braucht Zeit. Er kann sogar wehtun. Doch eine neue Perspektive auf den lang vertrauten Menschen hilft in der Regel beiden zu einer erwachsenen, freieren Beziehung.

INSELN DES SCHMERZES

Vor einem Jahr ist unsere Tochter gestorben. Sie hatte den Kontakt mit mir abgebrochen und auch während ihrer schweren Krankheit unsere Versuche, ihr zu helfen, ausgeschlagen. Ich besuche oft ihr Grab.

Nun sagt meine beste Freundin, ich würde den Willen meiner Tochter missachten. Was soll ich tun?

Friedhöfe sind Orte für die Lebenden. Sie sind geschützte Einzugsbereiche – das meinte einmal „Befriedung" – für die Trauer und die Erinnerung. Geschützt vor den Einblicken derer, die durch das Leben eilen, sind sie Inseln des zugelassenen Schmerzes und der Sehnsucht nach Heilung gebrochener Herzen, sie sind Kontakthöfe für das, was unmöglich scheint: die Verbindung mit den Verstorbenen über ihr Andenken zu finden. Mit dem Grab und dem Namen auf dem Stein bleibt ja nicht nur die verlorene Person im Gedächtnis. Auch die komplizierte Beziehungsgeschichte bleibt so lebendig. Deshalb sollten Sie weiter ans Grab Ihrer Tochter gehen, auch wenn Ihre Tochter dies vielleicht (noch) nicht gewollt hätte. Ich vermute, Ihre beste Freundin will Sie von diesem schweren Gang entlasten. Sie sieht Ihre Qual und will Ihnen das Loslassen leichter machen, indem sie Sie daran erinnert, dass Ihre Tochter Sie schon verlassen hat, bevor der Tod gekommen ist.

Trennungsgeschichten sind nicht nur Geschichten von addierten Verletzungen und Missverständnissen, sie sind auch oft vollgesogen mit Stolz. Wer Beziehungen im Augenblick der eigenen Stärke kappt, kann in Zeiten der Schwäche häufig einfach nicht mehr zurück. Das Ende der Liebe lässt sich so aber nicht verordnen. Das erzählen Menschen immer wieder, die so zu Opfern ihrer eigenen Trennungswut geworden sind. Niemand weiß, wie die Mutter-Tochter-Beziehung weitergegangen wäre, wenn Sie beide Zeit zur neuerlichen Annäherung gehabt hätten. Sie haben alles Recht der Welt, mit dem Tod Ihrer Tochter auch darüber zu trauern, dass dieser Weg nun verschlossen bleibt. Der Friedhof kann dann auch das Stück Erde werden, wo Sie irgendwann aller Traurigkeit zum Trotz Frieden schließen können mit der so schrecklich abgebrochenen Liebesgeschichte. Vielleicht findet dort auch das Versprechen der kommenden Versöhnung zwischen Ihnen im Angesicht Gottes ein kleines Fleckchen.

FAMILIENFEST MIT DER NEUEN

Unser Sohn hat sich scheiden lassen, weil er eine neue Frau kennengelernt hat. Wir sind immer noch fassungslos, denn wir mögen unsere Schwiegertochter sehr. Nun will er seine Freundin an Weihnachten zum traditionellen Familienfest mitbringen. Die Schwiegertochter ist mit den Kindern zum Glück nicht da. Aber meinen Mann bringt diese Vorstellung fast um. Was soll ich tun?

Weihnachten ist nicht nur das Fest der Liebe. In der Realität zeigen sich unterm Christbaum auch die Fallstricke menschlicher Neigungen, in denen wir uns ziemlich verheddern können. Vielleicht offenbart die Liebe im Glitzerlicht des Festes besonders unbarmherzig ihre Schattenseiten, weil Weihnachten so aufgeladen ist mit Sehnsüchten, auch mit Sehnsüchten nach der heilen Familie.

Es ist verständlich, dass Sie die Entscheidung Ihres Sohnes missbilligen, seine Familie zu verlassen. Vermutlich haben Sie Ihre Empörung oft genug zum Ausdruck gebracht. Sie haben sich emotional offenkundig ganz auf die Seite Ihrer Schwiegertochter geschlagen. Vielleicht haben Sie Angst, sie zu verlieren. Doch zumindest für Ihren Mann scheint zu gelten, dass er die Scheidung seines Sohnes als persönlichen Affront gegen das versteht, woran er glaubt und wofür er einsteht. Das klingt nach beeindruckender Prinzipientreue, ist aber nicht zwangsläufig so moralisch, wie es aussieht. Hinter der Unnachgiebigkeit steckt ja vor allem die eigene Enttäuschung. Moralische Prinzipien können auch hartherzig machen. Ehen scheitern aber nicht an einem Partner. Und die Ehe Ihres Sohnes geht nur ihn und seine ehemalige Frau etwas an. Sie können die Verletzungen, die Ihre Schwiegertochter und Ihre Enkel erleiden, nicht durch Unbarmherzigkeit gegenüber Ihrem Sohn ermäßigen. Sie können liebevolle Großeltern sein. Aber Sie bleiben auch die Eltern Ihres Sohnes. Wollen Sie ihn verlieren? Wenn er seinen Besuch zum Familienfest an Weihnachten mit seiner neuen Liebe ankündigt, sollten Sie diese Geste des Vertrauens annehmen. Sie müssen Ihre Schwiegertochter nicht fallen lassen und durch die neue Frau ersetzen. Aber Sie müssen Ihr Bild von der heilen Familie korrigieren, auch wenn es noch so kompliziert ist. Ein Fest der Liebe ist Weihnachten im Übrigen, weil die Liebe Gottes zum Verzeihen drängt, wo wir zur Barmherzigkeit nicht fähig sind. Nur so können Familien mitten in den Komplikationen der menschlichen Liebe heil werden.

EINSAM AM KLAVIER

Ich bin Vater einer dreizehnjährigen Tochter. Sie hat seit sechs Jahren Klavierunterricht und spielt auch sehr schön. Seit einigen Wochen weigert sie sich zu üben und will abgemeldet werden. Die Lehrerin sagt, ich muss hart bleiben. Soll ich dem Wunsch meiner Tochter nachgeben?

Auf den ersten Blick klingt es ganz logisch: Wer eine Meisterin am Klavier werden will, braucht Durchhaltevermögen und Disziplin. Schließlich soll die „Null Bock"-Stimmung ja nicht all die Möglichkeiten versauen, die mit Konsequenz am Instrument zu erreichen wären. Sehen Sie die Tochter gar schon im schwarzen Kleid auf einer Bühne? Doch Musik und Zwang vertragen sich schlecht. Die Überei ist ja dazu da, hinterher umso freier zu spielen, weil die Finger Kopf und Herz gehorchen. Nur dann verleiht das Klavier Flügel. Vielleicht will Ihre Tochter nicht mehr jeden Nachmittag einsam im Wohnzimmer Beethoven üben. Klavierspielen macht einsam. Mit dreizehn macht Musik mit anderen mehr Spaß. Vielleicht hat sie auch die Routine beim Üben satt. Wer früh anfängt, hat sich das Instrument ja meist nicht selbst ausgesucht. Dann braucht Ihre Tochter an der Schwelle zum Erwachsenwerden einen eigenen, neuen Zugang zu den Tasten. Fragen Sie sie, was den Ausschlag gibt für die Verweigerung. Und geben Sie sich nicht mit einem „Das Klavier ist doof" zufrieden. Fragen Sie sie nach ihren Träumen. Ist es ein anderes Instrument? Dann ist das Klavier ja eine gute Grundlage für einen Wechsel und die musikalische Ausbildung ist nicht verloren. Vielleicht ist es ja das Saxofon oder das Cello. Viele Eltern wundern sich über den Fleiß, der plötzlich über ihre Kinder kommt, wenn sich der Traum erfüllt. Oder ist es eine eigene Band? Mal nicht artig sein müssen, sondern wild und gefährlich auf die Tasten hauen. Nehmen Sie solche Vorstellungen ernst. In jeder guten Musikschule gibt es heute Angebote, die den Musikgeschmack von Dreizehnjährigen treffen. Dann und wann tut es auch ein neuer Lehrer. Denn ganz gleich, wie gut die alte Lehrerin ist, sie steht für die eigene Kindheit. Manchmal hilft auch eine festgelegte Auszeit. Klavierurlaub. Auf Dauer kann man keine Dreizehnjährige zwingen. Nur neu gewinnen.

ABSCHALTEN!

Meine Frau und ich machen in diesem Jahr wieder drei Wochen Urlaub mit Kindern und Enkeln. Im letzten Jahr hatte unser Schwiegersohn ständig sein mobiles Telefon oder seinen Computer zur Hand, las oder schrieb E-Mails oder telefonierte. Deshalb gab es immer wieder Streit. Wir wollen uns ja nicht einmischen, aber haben Sie eine Idee, wie wir Tochter und Enkeln zu einem entspannteren Vater verhelfen können?

Es geht das Gerücht, dass auch in diesem Jahr so manches Handy oder Laptop auf dem Grund der Meere oder Bergseen gesichtet wurde, weil die Familie irgendwann die Nase voll hatte von den kleinen Maschinen. Das ist der Vorteil der Computer, die so leicht sind wie ein Kinderspielzeug. Ihr Nachteil ist ihre Allgegenwart. Sie passen sogar in die Badehose. Leider dient die rabiate Art der Unterbrechung auch nicht dem Familienfrieden. Aber wenn Ihr Schwiegersohn nicht gerade Minister, Arzt für äußerst seltene Krankheiten oder Hauptverantwortlicher für ein Unternehmen in der Krise ist, gibt es keinen Grund, auch noch am Strand oder auf dem Berg im virtuellen Büro zu sitzen. Diese Art der Selbstversklavung ist eher der Vorstellung geschuldet, man sei unersetzbar. Ein gefährlicher Irrtum, der krank macht. Vielleicht gefällt sich Ihr Schwiegersohn in der Rolle des Dauergefragten. Oder der berufliche Druck ist so groß, dass er glaubt, sich die Auszeit nicht nehmen zu dürfen. Vermutlich leidet er selbst am meisten unter dieser Unfreiheit. Vielleicht hat er sich so sehr mit seiner Rolle im Beruf identifiziert, dass er nicht mehr weiß, was von ihm übrig bleibt, wenn er die Geräte ausschaltet. Sie wurden zu Prothesen, ohne die eine schmerzhafte Lücke entsteht. Dauernörgelei ist deshalb bei Männern so wenig hilfreich wie bei Kindern. Besser sind klare Übereinkünfte. Am besten wäre es natürlich, die Computer zu Hause zu lassen. Wenn Ihr Schwiegersohn sich darauf nicht einlassen kann, hilft eine halbe Stunde E-Mail-Routinecheck am Tag. Das ist als Entwöhnungsprogramm für alle verträglich. Wenn es gut läuft, stellt sich der herrliche Zustand des Vergessens von selbst ein. Meistens aber braucht es Übung. Abschalten ist längst zu einer Kunst geworden.

FREIHEIT AUF ZEIT

*Unsere beiden Töchter haben
Ferien bei den Großeltern gemacht.
Jetzt sagen sie bei jeder Gelegenheit:
„Bei Oma und Opa dürfen wir
das aber." Das ist schon ziemlich
anstrengend. Mein Mann findet nun,
seine Eltern hätten die Kinder
zu sehr verwöhnt und wir müssten
seinen Eltern künftig deutlich
mehr Grenzen setzen. Wie sehen
Sie das?*

👉 „Ferien bei den Großeltern ist wie Urlaub bei Pippi Langstrumpf, nur ohne Pippi Langstrumpf", hat neulich ein Siebenjähriger voller Begeisterung erzählt und diese These gleich noch vor Publikum ausgeführt – zum Schrecken seiner Eltern: Er habe bis spätabends aufbleiben dürfen, die Nudeln mit den Fingern gegessen und morgens nach dem Frühstück schon ein Eis geschleckt. Die Bohrmaschine habe er alleine halten dürfen und nachmittags drei Stunden ferngesehen. Die blanke Kinderseligkeit.

Nein, Großeltern müssen keine Grenzen gesetzt werden wie kleinen Kindern. Die natürliche Grenze dieser wunderbaren Freiheit ist das Ende der Ferienzeit. Zu Hause gelten andere Regeln. Kinder wissen das. Trotzdem noch einmal ein paar Tage lang auszutesten, ob die großelterliche Großzügigkeit nicht auch bei den Eltern funktioniert – diese Probe wird sich kein Mensch unter achtzehn entgehen lassen. Vielleicht geht es Ihrem Mann aber auch gar nicht um die vermeintliche Regellosigkeit der Großeltern, sondern um die Entdeckung, dass die eigenen, strengen Eltern bei den Kindern neue Maßstäbe entwickeln. Oft zieht mit den Kindern ja auch noch mal die eigene Kindheit vorbei. Der streng reglementierte Medienkonsum, die dosierten Süßigkeiten und die rigiden Schlafenszeiten – das soll nun bei den eigenen Kindern nicht mehr gelten? Großeltern haben das Recht, im Umgang mit den Enkeln neue Regeln zu erfinden. Sie müssen nicht mehr dafür sorgen, dass die Kinder pünktlich zur Schule kommen oder ihre Zähne pflegen. Sie dürfen unvernünftig großzügig mit den Enkeln sein, vor allem dann, wenn sie sehen, dass ihre eigenen Kinder verantwortungsvolle Eltern geworden sind. Und Sie haben die kinderlose Zeit mit ihrer ungewohnten Freiheit vermutlich auch genossen.

HILFE, SIE BLÜHT AUF!

Wir sind seit über 50 Jahren verheiratet und haben vier erwachsene Kinder. Vor einiger Zeit hat meine Frau sich verliebt – in einen gleichaltrigen Mann aus unserem Wanderverein. Sie verbringt ihre ganze Freizeit mit ihm. Mir sagt sie, dieses „platonische Verhältnis" ließe sie sich nicht kaputt machen, ich hätte es zu akzeptieren. Sie blüht regelrecht auf. Ich will meine Frau nicht verlieren. Was soll ich tun?

Hört es denn nie auf, dieses ganz normale Chaos der Liebe? Nein, offenbar sind 50 Jahre Ehe nicht genug, um den Herzschmerz zu vermeiden. Glaubt man den Statistiken, wählen immer mehr Frauen über 60 Jahre den Ausweg in ein neues Liebesabenteuer, sei es nun platonisch oder nicht. Lange schien es das zweifelhafte Vorrecht von Männern zu sein, ihre Frauen und Familien zu verlassen. Die Frauen blieben mit wundem Herzen zurück. Nun ziehen sie nach. Manche gehen. Andere führen ihr neues Lebensabenteuer vor den Augen der düpierten Ehemänner auf. Das muss quälend sein. Aber haben Sie Ihre Frau je gefragt, warum Sie an der Seite des anderen Mannes so aufblüht?

Eine Zweiundachtzigjährige, die ihren Ehemann Hals über Kopf verlassen hatte, wurde irritiert von ihren Kindern gefragt, warum sie das getan hätte, sie hätte doch ein gutes Leben? Darauf sagte sie: „Ja, aber von mir war nichts mehr übrig. Er hat mich nicht mehr gesehen. Ich passte unter den Teppich, so klein war ich. Am Abend meines Lebens will ich wieder jemand für jemanden sein." Das klingt egoistisch, die Sehnsucht danach, angesehen, wahrgenommen zu werden, nicht als die, die immer schon da ist, sondern als die, die begehrenswert ist, die Zärtlichkeit braucht und intensive Gespräche am Abend statt des ewig gleichen Fernsehprogramms, diese Sehnsucht verschwindet nicht mit dem Alter. Das ist keine Entschuldigung für den Schmerz, den Ihre Frau Ihnen dadurch zufügt, dass sie Ihnen ihr glückliches Parallelleben vor Augen führt. Vielleicht weckt das Fragen in Ihnen, die einen neuen Zugang zu Ihrer Frau eröffnen. Offenbar will sie Sie ja nicht verlassen. Sie will, dass Sie sie als lebensdurstige Frau sehen, nicht nur als Mutter und Gattin. Sie will jemand für jemanden sein.

BLÖDE PUTEN

Meine Tochter ist neun Jahre alt und liest immer noch sehr schlecht und ungern. In ihrem Alter habe ich schon Bücher verschlungen. Ist es in Ordnung, wenn ich ihr für jedes gelesene Buch fünf Euro gebe? Meine Freundin macht das so.

„Wer lesen kann, hat den Schlüssel zu großen Taten und unerträumten Möglichkeiten." Das sagt der Schriftsteller Aldous Huxley. Heute wird Lesen als Kulturtechnik angepriesen, die „so wichtig ist wie Zähneputzen" und außerdem über Lern- und Berufserfolge der Kinder entscheidet. Hand aufs Herz: Wer will seine Nachmittage mit etwas verbringen, das mit dem Zähneputzen verglichen wird? Lesen wird so zu einer Art Schulversagensarbeitslosigkeitsprophylaxe. Die Leidenschaft für Bücher kommt mit dem Erfolg, also mit der Erfahrung, dass die aneinandergereihten Buchstaben eine Geschichte verbergen, die so spannend ist, dass die Lettern in den Hintergrund geraten vor

Neugier auf den Fortgang der Erzählung. Deshalb mag so eine Belohnung verlockend sein. Doch verstärkt sich bei dieser Überredungsstrategie durch Euros bei dem Kind nicht der Gedanke, Lesen sei erstens Arbeit und zweitens etwas, was man den Erwachsenen zuliebe macht? Aus diesem Kreislauf von Leistung und Bezahlung kommen Sie nicht mehr heraus. Für das kleine Mädchen wird sich der Eindruck verstärken, es lese für die Lehrer und Eltern. Außerdem leistet dieses Bonussystem der Ökonomisierung aller Lebensbereiche Vorschub, die wir ansonsten geißeln. Lesen Sie lieber eng aneinandergekuschelt am Lieblingsort Ihrer Tochter, jede eine Seite. Lassen Sie Ihre Tochter Bücher aussuchen, die Sie damals noch nicht gelesen haben. Erzählen Sie ihr nicht zu oft, welche Schwarten Sie mit neun verschlungen haben. Lassen Sie ihr rosa Glitzerbücher mit Hauptfiguren, die Sie für blöde Puten halten. Gehen Sie zum Lesen mit Ihrer Tochter in den Garten. Pippi Langstrumpf ist auf der Wiese stärker als am Wohnzimmertisch. Mir hat ein Verbot ins Lesereich verholfen. Wenn abends das Licht ausging, waren Bücher tabu. Ich hatte eine Taschenlampe. Unter der Bettdecke eröffnete sich ein verbotener Raum aus Taten und Träumen.

IM ELTERNSCHATTEN

Im Sommer heirate ich. Mein zukünftiger Mann hat lange gebraucht, mich von diesem Schritt zu überzeugen, meine Eltern haben eine schmutzige Scheidung hinter sich. Meine Mutter verlangt von mir, dass ich meinen Vater und seine neue Lebensgefährtin nicht einlade. Als – über dreißigjährige – Tochter habe ich jahrelang vergeblich versucht, zwischen meinen Eltern zu vermitteln. Was soll ich tun?

Herzlichen Glückwunsch! Es erfordert Mut und Vertrauen, sich auf das Abenteuer der Ehe einzulassen, wenn die eigenen Eltern an dieser Herausforderung gescheitert sind. Scheidungen werfen oft einen Schatten, auch auf das Leben der Kinder. Dass Sie sich trotz des offenbar andauernden Rosenkriegs der Eltern auf die Ehe einlassen, zeigt, dass Sie erwachsen sind und Ihr eigenes Leben in die Hand nehmen. Lassen Sie nicht zu, dass der Schatten der Scheidung Ihrer Eltern Ihren großen Tag verdunkelt. Es ist Ihr Fest und das Ihres zukünftigen Mannes. Das muss Ihre Mutter respektieren. Vielleicht hat sie sich im Laufe der Jahre daran gewöhnt, Sie als Puffer zwischen sich und dem Ex-Mann aufzustellen. Vielleicht haben Sie zu lange Rücksicht auf die verletzten Gefühle Ihrer Mutter genommen. Vielleicht hat sie sich in ihrem Gram aber auch eingerichtet und ahnt, dass Ihre Hochzeit auch für sie ein neuer Lebensabschnitt ist: Die eigene Tochter geht die Lebensverbindung ein, an der sie gescheitert ist. Das muss wehtun, vor allem, weil das Gift der Enttäuschung bei Ihnen augenscheinlich nicht gewirkt hat. Ihre Mutter hat nicht das Recht, Sie zu erpressen. Genau das versucht sie, als wolle sie noch einmal eine Entscheidung von Ihnen. Vater oder Mutter? Diese Alternative ist schon im Prozess der Trennung schlimm, aber vielleicht noch verständlich, weil wunde Seelen auch rücksichtslos sind. Doch so eine Entscheidung Jahre nach einer Scheidung aus Anlass Ihrer Hochzeit zu verlangen, ist eine ziemlich egoistische Verdrehung von Mutterliebe und zeugt von dem Unvermögen, die eigene Geschichte anzunehmen und von der Geschichte der Tochter zu unterscheiden. Sagen Sie Ihrer Mutter, dass Sie sich nicht deren Lebensunglück aufzwingen lassen und wie sehr Sie sich wünschen, dass Ihre Eltern sich mit Ihnen freuen. Laden Sie beide ein, trotz des Risikos, dass Ihre Mutter nicht kommt. Die beiden müssen ja nicht nebeneinander an der Hochzeitstafel sitzen.

KINDERSEGEN

Ostern trifft sich die ganze Familie bei meinen Eltern. Eigentlich wollten mein Mann und ich bei diesem Fest verkünden, dass ich schwanger bin. Nun habe ich erfahren, dass meine Schwägerin vor Kurzem eine Fehlgeburt hatte. Müssen wir uns die freudige Botschaft verkneifen?

Ihr Wunsch, auf die Gefühle Ihrer Schwägerin, Ihres Bruders Rücksicht zu nehmen, ehrt Sie. Vielleicht ahnen Sie ja gerade, weil Sie schwanger sind, was der Verlust eines ungeborenen Kindes bedeuten kann. Der Schmerz, die Leere und die jäh unterbrochenen Zukunftspläne werden deshalb in jedem Fall das familiäre Osterfest prägen, vermutlich allerdings verschämt und ohne mit Worten daran zu rühren. Eine Fehlgeburt ist nämlich eine Art Verlust vor dem Verlust, den zu betrauern sich viele, vor allem die potenziellen Großeltern, aber auch die möglichen Tanten und Onkel, nicht trauen. Das, was da verloren geht, ist ja vor allem eine Hoffnung auf ein Familienmitglied, das man noch gar nicht kennt.

Trotzdem sollten Sie Ihren Liebsten die gute Nachricht nicht vorenthalten. Familie, das ist vielleicht der letzte Ort, wo Freude und Leid gleichzeitig Platz haben. Es kommt auf den Ton der Ankündigung an. Vermeiden Sie jeden Anflug von Triumph. Es gibt Familien, in denen zwischen den erwachsenen Kindern eine Art Wettkampf darüber ausbricht, wer die Eltern zum ersten Mal zu Großeltern macht. Geben Sie der Schwägerin deshalb nicht das Gefühl, dass Sie ersetzen, was sie selbst verloren hat. Dass Sie nun guter Hoffnung sind, ist keine Kompensation für den Verlust, es macht auch den Schmerz nicht kleiner. Das Wesen, das in Ihnen wächst, ist ein neues Geschenk und ein Grund für neue, ungeschmälerte Freude, auch für Ihre Eltern. Genießen Sie das Gesicht Ihrer Eltern. Seien Sie großzügig, wenn sich in der Freude von Bruder und Schwägerin ein bitterer Zug zeigt. Vielleicht können Sie ihr ja noch vor dem großen Fest sagen, dass Sie schwanger sind? Dann fühlt sie sich nicht überrumpelt. Sprechen Sie doch auch über Ihr Unbehagen. Die gemischten Gefühle sind damit nicht aus der Welt, aber sie lassen sich leichter aushalten. Nur lassen Sie nicht zu, dass ausgerechnet an Ostern der Tod gewinnt, weil das neu entstehende Leben beschwiegen wird.

ALTERNDES EGO

Meine ältere Schwester ist seit zwei Jahren im Ruhestand. Sie kleidet und schminkt sich wie eine Dreißigjährige und verbittet es sich, dass ihre Enkelin sie „Oma" nennt. Sie fühle sich eben noch nicht alt, sagt sie, wenn man sie auf ihren Jugendwahn anspricht. Meiner Meinung macht sie sich lächerlich. Soll ich ihr das sagen?

Ach, waren das noch Zeiten, als die Alten noch Alte hießen und nicht Seniorinnen oder rüstige Rentnerinnen oder Frauen in der dritten Lebensphase. Ihre Tage waren gesellschaftlich geregelt: Enkelkinder hüten, den Garten machen und den Kuchen für das Gemeindefest. Ihre Kleidung: die grau-beige-dunkelblaue Uniform großer Warenhausketten. Das hatte manchmal Klasse, war aber meistens ein Korsett der Frühvergreisung für schöne Frauen mit ein paar Falten. Was für ein großer Freiheitsgewinn, dass heute auch über Sechzigjährige noch Spaß an Äußerlichkeiten haben dürfen, dass sie sich auch als Frauen und nicht nur als Großmütter fühlen und dass sie keine Lust mehr haben, im Lehnsessel 30 Jahre auf den Besuch der Verwandtschaft oder den Tod zu warten. Da mag dann die eine oder die andere über das Ziel hinausschießen und mehr Wagnis als Stil vor den Spiegel bringen, in jedem Falle sind die alten Rollenmuster weg. Das ist gut so. Denn das Leben nach dem Ruhestand kann nach durchschnittlicher Lebenserwartung ja noch eine ziemlich lange Zeit dauern und ist nicht der kurze Übergang in die Pflegestufe. Wenn aber die eigene Enkelin gedrängt wird, den Kosenamen „Oma" nicht zu benutzen, dann läuft wirklich etwas schief. Denn dann scheint es so zu sein, als leugne Ihre Schwester die Lebensphase, in der sie angekommen ist. Vielleicht steckt hinter dem, was Sie lächerlich finden, ja eine tiefe Angst vor dem Altwerden und vor dem Tod. Mit der richtigen Schminke kann man ja nicht nur ein paar Jahre kaschieren, sondern auch die eigene Unsicherheit. Ihre Schwester muss in einer Welt klarkommen, in der die neuen Alten immer schick, schön, voller Zuversicht und neuerdings auch wieder nützlich und einsatzwillig sein sollen. Die alten Rollenbilder mögen weggefallen sein, aber es sind neue Korsetts an die Stelle getreten. Wie kann das Leben jenseits der Arbeit erfüllend sein? Wie kann die Auseinandersetzung mit dem Sterben aussehen, ohne dass Angst und Bitterkeit die Tage regieren? Wie kann Frau in Würde und Anmut Falten sammeln? Vielleicht sind Ihnen diese Fragen ja nicht so fremd.

WEIHNACHTSWUNDER

Mein Neffe hat nur Leid über unsere Familie gebracht und meiner Schwester das Herz gebrochen. Er hat gelogen, die Schule geschmissen und jede Chance zum Neuanfang ruiniert. Zwei Jahre gab es keinen Kontakt. Nun will meine Schwester ihn und seine schwangere Freundin in ihrem Haus aufnehmen, bis das Kind geboren ist. Ich habe Sorge, dass sie sich überfordert und ihren mühsam zurückgewonnenen Lebensmut verliert. Kann ich ihr das ausreden?

Jeder Mensch verdient eine zweite Chance, heißt es so schön im Volksmund. Das klingt großzügig, doch dann wird eifrig mitgezählt. Bei der dritten Chance ist

Schluss, spätestens bei dem vierten verpassten Neuanfang, der vielversprechend begann und im neuerlichen Desaster endete. Mutterliebe rechnet anders. Mag sein, dass diese Liebe sich zwischendurch erschöpft hat. Vermutlich war es für Sie und die Familie gut, Distanz zu dem Menschen aufzubauen, der Zuwendung mit Schmerz und Wut beantwortete. Vielleicht war es sogar gut für Ihren Neffen, alleine klarkommen zu müssen. Aber wollen Sie Ihrer Schwester ernsthaft empfehlen, ihr Kind dauerhaft zu verstoßen? Ich gehe mal davon aus, dass Sie sich aus Sorge und nicht aus Zorn über den missratenen Neffen dazu hinreißen lassen. Verständlich, dass Sie nicht so leicht verzeihen können. Aber ist Ihnen die weihnachtliche Pointe Ihrer Familiengeschichte wirklich entgangen, die nicht aus Spekulatius, Barockmusik und heilen Familien besteht? Ihre Geschichte kommt dem Original nahe. Die Freundin Ihres Neffen bekommt ein Kind. Offenbar wissen die beiden nicht, wohin. Ihr Neffe wendet sich in dieser Situation an seine Familie. Weil er hofft, dass er die, die ihn lieben, nicht für immer verloren hat. Das hat ihn wenigstens ein wenig Stolz gekostet. Vielleicht ist es ihm diesmal mit dem Neuanfang ernst. Denn nun wird Ihre Schwester Großmutter. Wie könnte sie da nicht wollen, dass es der werdenden Mutter gut geht. Sie schreiben nichts darüber, in welcher Verfassung Ihr Neffe heute ist. Aber um das Kind, das da heranwächst, scheint er sich kümmern zu wollen. Wenn Sie Ihre Schwester vor seelischen und körperlichen Strapazen schützen wollen, dann helfen Sie ihr! Stehen Sie ihr zur Seite. Suchen Sie professionelle Hilfe. Vielleicht werden Sie ein echtes Weihnachtswunder erleben.

OMA IST VERWANDELT

Meine Schwiegermutter ist dement und lebt seit Kurzem in einem Pflegeheim, in einer Abteilung für Demenzkranke, wo es ihr gut geht. Unser Sohn, sieben Jahre alt, will sie unbedingt besuchen. Er hängt sehr an ihr. Mein Mann ist dagegen. Ich zögere, weil ich ihm nicht zumuten will, seine Oma so zu sehen. Was meinen Sie?

„Mama, dem Opa ist ein schlimmer Wind durch den Kopf geweht und hat alles durcheinandergebracht. Der hat jetzt Herbst. Aber das tut nicht weh." So kommentierte eine Fünfjährige die Trauer einer Freundin um ihren schwer dementen Vater. Beim letzten Besuch hatte er sie mit einem ungeduldigen „Wer sind Sie denn? Ich kaufe nichts" an der Tür empfangen. Ihr war der Vater abhanden gekommen. Der kleinen Tochter war durchaus nicht entgangen, dass der Großvater seltsam wurde. Er erzählte wunderliche Geschichten, sprach von sich in der dritten Person, wollte nachts spazieren gehen und fragte sie immer wieder die gleichen Dinge. Manchmal fing er unversehens an zu weinen. Oder er kicherte wie ein Kind. Während die Erwachsenen um sie herum einen Masterplan zur Bewältigung der neuen Lebenssituation machten, hat sie sich ihren eigenen Reim auf die Verwandlung des Großvaters gemacht. Sie ist weiter auf seinen Schoß geklettert und hat mit ihm gekuschelt. Sie ist mit ihm an der Hand durch das Haus gewandert, um im Keller nach der Haltestelle für den Bus zu suchen.

Die Geschichte des kleinen Mädchens ist kein Vorwand, um die Demenzerkrankung Ihrer Schwiegermutter harmloser zu machen, als sie ist. Sie zeigt aber, dass Kinder sich mit Veränderungen auf ihre Weise arrangieren. Das, was normal, und das, was unnormal ist, ist bei ihnen noch nicht fest ausgeprägt. Ihre Liebe ist noch neu, ohne Vergleich und ohne Vorbehalt. Schwieriger ist das schleichende geistige Verschwinden für die zu ertragen, die die geliebte Person als starken, unabhängigen Menschen gekannt haben. Halten Sie Ihren Sohn nicht von der Oma fern. Sie ist nicht gestorben. Sie ist verwandelt, eine andere und doch immer noch die Gleiche.

Begleiten Sie Ihren Jungen auf dem Weg in den neuen Lebensraum der Großmutter. Reden Sie gemeinsam über das, was Sie vermissen, und das, was schön geblieben ist. Vielleicht entdeckt Ihr Mann an der Hand seines Sohnes neben dem Schmerz auch die Anmut und Würde seiner Mutter wieder neu.

TRAUERFEIER-AUSLADUNG

Vor wenigen Tagen ist der Großvater meines Patenkindes und Schwiegervater meiner besten Freundin gestorben. Weil ich dem Partner meiner Freundin nicht sofort kondoliert habe, hat er mich von der Trauerfeier ausgeladen und beschimpft. Dabei wollte ich mein Beileid nur persönlich ausdrücken. Ich dachte, ich gehöre fast zur Familie, und habe während der langen Wochen der Sterbebegleitung die Kinder betreut. Die Ausladung hat mich tief verletzt und ich weiß nicht, wie ich ihm begegnen soll.

 Die Trauer macht ungerecht. Wenn noch die Erschöpfung der durchwachten Nächte dazukommt, kann der Tod auch das Ende einer unerträglichen Spannung bedeuten, die sich unversehens löst. Offenbar wurden Sie nun das Opfer dieser Eskalation der Gefühle. Sie gehören wirklich zur Familie Ihrer Freundin, denn Sie helfen nicht nur mit Worten, sondern packen mit an, wenn es nötig ist. Sicherlich haben die beiden Kinder und die Freundin gemerkt, dass Sie ihnen Halt und Entlastung gegeben haben. Oder war Ihre Freundin so damit beschäftigt, ihrem Mann das Leben zu erleichtern, dass Sie auch für sie unsichtbar wurden? Ihr Freund hat Ihre Hilfe, wenn überhaupt, vermutlich nur aus der Ferne realisiert. Wer in so einem Ausnahmezustand lebt, nimmt die Welt oft wie durch Nebel wahr. Der Satz, den er Ihnen entgegenschleudert, mag zum Ausdruck bringen, was er wochenlang gefühlt hat: Um ihn herum dreht sich die Welt weiter, als wäre nichts. Freunde lachen über schlechte Witze, ärgern sich über verpasste U-Bahnen oder erzählen vom letzten Kurzurlaub. Es mag sogar sein, dass Sie unversehens zur Vertreterin der „Welt da draußen" wurden, als Sie mit den Kindern herumgealbert haben, um so viel Normalität wie möglich zu schaffen. Haben Sie auf ein Dankeschön gehofft und fühlen sich jetzt doppelt zurückgestoßen? Geben Sie dem Partner Ihrer Freundin etwas Zeit. Gewähren Sie ihm den Aufschub echter Trauer. Hoffentlich wird er in ein paar Wochen von selbst über sich erschrocken sein. Dann ist Zeit für ein klärendes Gespräch und eine Entschuldigung. Ich lese übrigens nichts von Ihrer besten Freundin: Fühlen Sie sich von ihr verraten? Oder ist sie hin- und hergerissen? Echte Freundschaft kann auch den Tumult dieser Emotionen aushalten. Zur Not durch Wartenkönnen.

IM DURCHSCHNITT TOLL

Meine Schwägerin und ich haben Kinder (8 und 10) im gleichen Alter. Nur sind ihre perfekt. Hochbegabt, musikalisch, sportlich, überall beliebt. Sie prahlt permanent mit deren Erfolgen. Sie ruft mich an, um mir Tipps zu geben, damit meine auch mehr als Durchschnitt sind. Ich finde meine Kinder wunderbar. Meine Mutter meint nun auch schon, ich müsste mir doch an meiner Schwägerin ein Vorbild nehmen.

☞ Da haben Sie ja eine richtige Supermutter in der Verwandtschaft. Das kann ziemlich nerven. Aber lassen Sie sich nicht täuschen. Ihre Schwägerin scheint ihr ganzes Glück von ihren Kindern abhängig zu machen. Deren Großartigkeit macht sie selbst groß, deren Erfolge sind ihre

Erfolge. Nichts für ungut, aber glauben Sie Ihrer Schwägerin die Prahlereien nicht. Selbst wenn die Kinder großartig in der Schule und außergewöhnlich an Klavier und Geige sind, bleiben es normale Kinder, die manchmal in den Wahnsinn treiben und dann wieder zu Tränen rühren. Andernfalls wären Ihr Neffe und Ihre Nichte kleine Leistungsmaschinen und es wäre an Ihnen, mal ernsthaft zum Telefonhörer zu greifen. Sie können natürlich pikiert auf die Fehler der vermeintlichen Superkinder achten und bei Pflaumenkuchen und Sahne ausrufen: „Ha, da sind sie aber gar nicht so toll!" Vielleicht sind sie ja kleine Angeber, die das Bild, das die Mutter von ihnen zeichnet, verinnerlicht haben. Vielleicht sind sie aber auch nur ganz normale Kinder, die Sorge haben, den großen Erwartungen nicht zu entsprechen. Vermutlich steht auch Ihre Schwägerin unter Druck. Denn das eine ist es, sich mal über die Erfolge der eigenen Kinder zu freuen, das andere, über nichts anderes mehr zu reden und alle anderen zum „Durchschnitt" zu erklären. Abgesehen davon: Was heißt eigentlich „Durchschnitt" jenseits von Schulnoten, Urkunden und Pokalen? Sie finden Ihre Kinder wunderbar, sagen Sie. Vermutlich wissen sie das und genießen es, geliebt zu werden, so wie sie sind. Kann es sein, dass Ihre Schwägerin Sie um diese Gelassenheit beneidet? Oder konkurriert sie etwa mit Ihnen um die Anerkennung Ihrer Mutter? Gehen Sie doch in die Offensive. Laden Sie Ihre Schwägerin in Ihr Lieblingscafé ein, weitab vom Haus Ihrer Mutter und den Kindern, und fragen Sie sie. Gibt es in dieser Familie auch Väter und Großväter, Ehemänner und Brüder? Manchmal hilft auch eine männliche Perspektive...

WG-GERECHTIGKEIT

Meine Tochter zieht zum Beginn ihres Studiums mit zwei Freundinnen zusammen in eine Wohnung. Sie muss für diese Selbstständigkeit neben dem Lernen arbeiten, um das zu finanzieren. Nun will jede den gleichen Beitrag für Miete und Haushalt in die Kasse geben. Die eine Freundin hat ein Einserabi gemacht und ein Stipendium ergattert, die andere ist Einzelkind und aus reichem Haus. Ist das gerecht?

Stellen Sie diese Frage für Ihre Tochter? Oder kann es sein, dass Ihnen der Gedanke, dass das Kind flügge wird, Unbehagen bereitet? Wer alt genug für das Leben in einer Wohngemeinschaft ist, sollte auch Fragen wie die der gerechten Beteiligung aller selbstständig klären können. Ihre Frage ist ja erst der Anfang. Ist es gerecht, dass Ihre Tochter das größere/kleinere/hellere/dunklere Zimmer bekommt? Ist es gerecht, dass das eine Mädchen mit so viel Intelligenz gesegnet ist, dass es ein Stipendium bekommt? Ihre Frage zeigt, dass die ganze Moralphilosophie des Abendlandes aus Alltagsfragen entstanden ist. Und die sind nur auf den ersten Blick einfach zu klären. Die drei haben sich in den finanziellen Belangen des gemeinsamen Lebens für ein Gerechtigkeitskonzept entschieden, bei dem alle den gleichen Anteil in die Kasse legen. Vielleicht haben sie sogar schon Putzlisten geschrieben. Da das Semester wohl erst in einigen Wochen beginnt, finde ich die vorausschauende Art der drei jungen Frauen bemerkenswert vernünftig. Nun ist das jeweilige Vermögen der drei, diese Summe aufzubringen, in der Tat unterschiedlich verteilt. Deshalb hätte Aristoteles diese Lösung vermutlich auch nicht gefallen. Er hätte gefragt, ob es eine Möglichkeit gibt, den Anteil gemäß des je individuellen Vermögens aufbringen zu können. Das ist oft auch eine gute Idee. Aber wie soll der hier berechnet werden? Sollte das Einkommen der Eltern oder gar das geistige Vermögen auf der Habenseite addiert werden? Manche Gerechtigkeitsfragen lassen sich nicht formalisieren. Bleiben Sie gelassen und vertrauen Sie darauf, dass Ihre Tochter und die Freundinnen mit ihren unterschiedlichen Startbedingungen so umgehen, dass es im Alltag zu anderen Formen des Ausgleichs kommt.

VEGETARIER, SELBSTMÖRDER

Fragen rund um Alltag

UND INTERNET:

und Beruf

DAS HERZ ISST MIT

Ich bin Vegetarierin, koche für meine Familie aber auch Fleischgerichte, weil ich sie nicht bevormunden will. Meine Vegetarierfreunde werfen mir mangelnde Überzeugungsarbeit vor. Bin ich inkonsequent?

„Konsequenz ist die größte Feindin der Liebe", hat einmal jemand gesagt. Die Liebe ist auch deshalb die schönste, anmutigste und schwierigste unter den christlichen Lebenshaltungen, weil sie sich mit einer Moral, die selbstgerecht oder säuerlich wird, nicht verträgt. „Liebe ist langmütig und freundlich. Liebe eifert nicht, sie bläht sich nicht auf, sie sucht nicht das Ihre." So hinreißend formuliert es das Hohelied der Liebe, ursprünglich kein Text für tränentreibende Feierstunden, sondern küchen- und familientaugliche Quintessenz christlicher Freiheit von der Rechthaberei und der unseligen Neigung, aus der eigenen Überzeugung eine Regel ohne Abweichung zu machen.

Wie schön, dass es Menschen wie Sie gibt, die ernst machen mit der gelassenen Inkonsequenz der Liebe. Lassen Sie sich von Ihren vegetarischen Freunden nicht verunsichern. Nichts ist überzeugender als eine Haltung, die ohne erhobenen Zeigefinger oder politisch korrekte Besserwisserei daherkommt. Natürlich haben Sie viele Argumente auf Ihrer Seite. Der Skandal um vergiftete Eier, vergiftete Tiere und vergiftete Ernährungsgewohnheiten macht es schwer, sich an einem saftigen Steak zu freuen. Schriftstellerinnen landen Bestseller mit fleischlosen Ernährungsexperimenten, und wer als Schauspielerin etwas auf sich hält, isst nichts, was Augen hat.

Sie haben also starke Bundesgenossen, wenn die Rede mal wieder darauf kommt, dass Sie das Hähnchen zwar zubereiten, aber nicht essen. Bleiben Sie bei Ihrer Haltung! Fragen Sie bei Ihren vegetarischen Überzeugungsarbeitern mal nach, ob sie sich sicher sind, dass Ehemänner und halbwüchsige Kinder nicht hinter ihrem Rücken eine Pause von den häuslichen Ernährungsdiktaten machen und sich mit Heißhunger auf Schnitzel und Burger stürzen. Wenn Gäste am Tisch sitzen, mag der vegetarische Hausfriede beneidenswert konsequent wirken. Die Folge dieser Konsequenz, wenn sie nicht von Herzen geteilt wird, ist oft die Flucht ins heimliche oder offene Gegenteil.

SEELENMÜLLEIMER

Seit ich halbwegs erwachsen bin, erzählen mir viele Menschen in meinem Umfeld von ihren Problemen und Krisen. Ich komme mir manchmal wie der Seelenmülleimer meiner Umgebung vor. Ein unchristlicher Gedanke, aber um mich sorgt sich niemand. Was soll ich tun?

Sie sind offenbar ein Naturtalent. Was viele Profis in langen Jahren der Ausbildung lernen, liegt Ihnen im Blut: Sie können zuhören, Sie können sich ganz auf Ihr Gegenüber konzentrieren und das Häufchen Elend vor Ihnen im richtigen Moment in den Arm nehmen. Vermutlich können Sie auch Fragen stellen, die vorher gar nicht benennbar waren. Manchmal schubsen Sie einen Ihrer krisengeschüttelten Mitmenschen vielleicht auch unsanft in die richtige Richtung: „Raus aus dem Selbstmitleid!" Dann und wann haben Sie sogar einen guten Rat, der einen Trampelpfad durch eine ausweglose Situation bahnt. Was für ein

Glück für Ihre Familie, Ihre Freunde, Ihre Kollegen, Ihre Nachbarn. Doch leider gewöhnt man sich schnell an dieses Glück und denkt nicht darüber nach, dass auch Sie einmal schlechte Tage haben. Die Rollen, die Menschen einnehmen, werden nicht nur durch Persönlichkeit und Talente geprägt, sondern auch durch Gewohnheit und eingeschliffene Erwartungen. Ihre Rolle ist die der Seelsorgerin, die immer vom anderen her denkt. Sprechen Sie den unchristlichen Gedanken ruhig mal aus, wenn Ihnen eine Freundin zum zehnten Mal das Ohr abkaut mit Ihrer gescheiterten Beziehung. Machen Sie ihr klar, dass Sie heute keine Kraft für ihre Geschichte haben. Bitten Sie sie selbst um ein Ohr, wenn es Sie bekümmert, dass alle Sie auf Ihre Fähigkeit reduzieren, die Probleme anderer Leute zu handhaben. Freundschaft und Zuneigung leben davon, dass die Starken auch einmal schwach sein dürfen. Professionelle Seelsorger lernen das übrigens. Denn auch eine elastische Seele, die einiges an fremden Gewichten aufnehmen kann, ist irgendwann überdehnt und platzt aus allen Nähten. Deshalb müssen Seelsorger auch auf die eigene Seele achten. „Liebe deinen Nächsten wie dich selbst", lautet das zentrale biblische Gebot. Für die meisten Menschen liegt die Pointe im ersten Teil des Satzes. Sie sollten sich den zweiten Teil zu Herzen nehmen!

EHRLICHKEIT IST BESSER

Eine Freundin hat mir ihr neuestes Schnäppchen gezeigt: ein knappes Top, viel zu eng für meinen Geschmack und ihre Figur. Trotzdem habe ich mich mit ihr gefreut. Hätte ich ihr die Wahrheit sagen sollen? Und wenn ja: wie?

Sich mitfreuen können ist ein Zeichen echter Freundschaft. Manchmal mag auch das künstlich in Begeisterung versetzte Gesicht hilfreich sein, wenn die eigene Freude nicht so recht aufkommen will. Bei wichtigen Dingen im Leben kann so eine Höflichkeitsübung der eigenen Mitfreude manchmal auf die Sprünge helfen. Aber beim Kleiderkauf würde ich von einer Freundin genau die Beratung erwarten, die die Verkäuferin im Laden vor blitzenden Spiegeln und schmeichelndem Licht nicht zu geben bereit ist: eine ehrliche Meinung, die nichts zurückhält. Handelt es sich bei der Schnäppchenjägerin eher um eine Bekannte, mag die kleine Notlüge ja noch angehen. Vielleicht ging es in Wahrheit gar nicht um Ihre Meinung, sondern nur um die erjagte Trophäe. Klingt in Ihrer Schilderung nicht auch ein ganz klein wenig Häme? So ein enges Top bei der Figur...

Wenn Sie sich dagegen nahestehen, ist die Wahrheit, auch wenn sie der Freundin ein wenig wehtut, angebracht, obschon Schummeln leichter fällt. Natürlich kommt es auf den Ton an. „Ist das Top für deine Tochter?" oder „So was kannst du tragen, wenn du zehn Kilo abgenommen hast" ist nicht gerade die freundschaftliche Art, die Wahrheit zu sagen. Freundlicher wären schon Tipps zur Kombination des neuen Kleidungsstücks. „Unter deinem blauen Sakko sieht das Top bestimmt toll aus." Oder: „Die Farbe betont deine schönen Augen. Nur finde ich es ein wenig zu eng. Mir passiert das auch immer wieder bei der Schnäppchenjagd." Mancher Freundschaft tut in so einer Situation auch ein wenig Humor gut: „Weißt du noch neulich, als du meintest, ich sähe aus wie meine eigene Oma? Das Kompliment kann ich nicht zurückgeben. Du siehst aus wie deine Schülerinnen." Betonen Sie bei Ihrem Kommentar, dass Ihr Urteil Geschmackssache bleibt. Im Übrigen hat ein neues Kleidungsstück ja nicht aus sich heraus einen Wert. Die Trägerin will damit schön, stilvoll, begehrenswert, ja vielleicht sogar jünger aussehen. Letzterer Wunsch zeigt sich vielleicht in zu engen, zu kurzen Tops.

Nehmen Sie die Freundin in den Arm. Sagen Sie, dass Sie sie schön finden, auch wenn das für das neue Kleidungsstück nicht unbedingt gilt. Dann wird Sie Ihnen die Wahrheit danken.

BAR JEDER VERNUNFT

In einem Lokal, in dem ich kürzlich war, saß eine schwangere Frau an der Bar und trank Wodka. Hätte ich sie bitten sollen, den Alkohol mit Rücksicht auf das Kind stehenzulassen?

Stellen Sie sich vor, Sie hätten im gleichen Lokal gesessen und eine Mutter hätte ihrem einjährigen Kind vor Ihren Augen ein Glas Wodka eingeflößt. Hätten Sie da eingegriffen? Natürlich. Und sicher hätten auch der Kellner und andere Gäste den Mund nicht gehalten. Wenn das Kind noch nicht geboren ist, scheinen die Hemmschwellen um vieles größer zu sein. Warum eigentlich? Der deutlich nach außen gewölbte Bauch einer Schwangeren signalisiert der Umgebung: Achtung. Seid vorsichtig. Drängelt nicht. Passt auf das Ungeborene auf. Normalerweise funktioniert der Reflex.

Doch bei Zigaretten und Alkohol bleibt es beim abfälligen Blick. „Wie kann sie nur so was tun? Das ist doch unverantwortlich." Stimmt. Doch werden die Einwände nur selten ausgesprochen. Die Frau könnte ärgerlich reagieren, sie könnte Ihnen sogar wütend eine Abfuhr erteilen: „Was geht Sie das an?" Es geht Sie und uns etwas an, denn der neue Erdenbürger, der da heranwächst, hat unsere Solidarität und Unterstützung auch schon in ungeborenem Zustand verdient. Sonst ist das pathetische Gerede von den Kindern, die unsere Zukunft sind, nur Geschwätz. Vorausgesetzt, im Wodkaglas war kein Wasser, hätten Sie auf die Frau zugehen sollen. Die Szene, die Sie schildern, lässt den Schluss zu, dass die Frau ein wenig Zuspruch gut hätte vertragen können. Wenn eine Schwangere allein an der Bar sitzt und trinkt, braucht nicht nur das Ungeborene Aufmerksamkeit. Wer so allein zur besten Essensgehzeit an der Bar sitzt und sich an einem Glas festhält, der hat vielleicht Schlimmes zu verkraften.

Eine schlechte Nachricht kann das Verantwortungsgefühl verdrängen. Es wäre ja nicht das erste Mal, dass der Vater des Kindes sich aus dem Staub gemacht hat. Oder der Arbeitgeber seiner Mitarbeiterin deutlich gemacht hat, dass sie unter diesen Umständen die versprochene Beförderung oder gar den Job vergessen kann. Guter Hoffnung zu sein schützt vor Katastrophen nicht. Wer sie teilen kann, dem wird vielleicht nicht ganz so schwarz vor Augen. Klettern Sie auf den freien Hocker, sollte sich noch einmal eine solche Gelegenheit ergeben. An einer Bar hat schon so mancher einem Fremden sein Herz ausgeschüttet.

SICH SELBST TREU SEIN

Mein Chef ist total begeistert von einem neuen Projekt. Ich soll es weiterentwickeln, halte aber eigentlich von der Sache nicht viel. Wie komme ich da mit Anstand wieder raus?

Weiß Ihr Chef denn, wie Sie über das Projekt denken? Offenbar sind Sie ja der Experte. Sonst würde Ihr Chef Ihnen wohl kaum sein Lieblingskind anvertrauen. Haben Sie ihm vielleicht ganz vornehm angedeutet, dass Sie nicht hundertprozentig überzeugt sind, mit ein paar Runzeln auf der Stirn und einem Zögern in Ihrer Stimme? Oder haben Sie den Projektordner still in die Hand genommen und sind mit eingezogenen Schultern aus dem Raum gegangen, um dann vor dem Spiegel auf dem Klo sich selbst eine Grimasse zu schneiden? „Mist, wieder zu feige gewesen. Jetzt stehe ich da mit dem dämlichen Projekt."

Es gibt ja diese Art Widerspruch, die vom Gegenüber erwartet, dass es die Einwände selbst von den Lippen liest, damit man sie nicht klar und deutlich aussprechen muss. So vermeidet man Konflikte und hat es doch, irgendwie, gesagt, nur eben nicht so, dass daraus ein offenes Gerangel werden könnte. Oder ist Ihr Auftraggeber ein Vorgesetzter alten Stils, der keinen Widerspruch duldet? Menschen, die Macht haben, sind in der Regel hochsensible Wesen, vor allem, wenn es um sie selbst geht. Deshalb mögen es manche für anständig halten, wenn Sie sich an die Arbeit machen wie angeordnet. Es könnte ja sein, dass sich das Projekt im Laufe der Zeit als nicht ganz so blöde Idee erweist. Wenn Sie sich aber sicher sind, bleibt Ihnen nichts übrig, als sich Mut zuzureden, beim Chef an der Tür zu klopfen und mit ruhiger Stimme und allen Argumenten Ihre Sicht der Dinge zu formulieren. Das könnte Ärger bringen? Ja, das kann sein. Die Haltung der Freimut gibt es nicht ohne Risiko und ohne weiche Knie. Deshalb müssen Sie in aller Freiheit eine Wahl treffen. Entweder Sie schlucken das Projekt, oder Sie lösen Ihre Zunge zum qualifizierten Widerspruch. Es geht um Ihre Wahrhaftigkeit.

„Schäme dich nie, die Wahrheit zu sagen, sonst beschämst du dich selbst", heißt es sinngemäß in Jesus Sirach, dem erfahrungsgesättigten Bonustrack zur Bibel. Vielleicht finden Sie ja einen verbündeten Kollegen. Freimut mit einem Freund an der Seite fällt leichter. Es soll übrigens auch schon passiert sein, dass aller Erwartung zum Trotz Vorgesetzte den Mut zum Widerspruch beeindruckend finden und Duckmäuserei beschämend. Geben Sie Ihrem Vorgesetzten eine Chance!

WOHNUNG EINES SELBSTMÖRDERS

Vor zwei Jahren hat sich in seiner Wohnung ein junger Mann erhängt, den alle, auch die Kinder, im Haus sehr mochten und an den wir alle oft denken. Aber wir reden nicht über ihn. Nun ist eine Frau mit ihrer achtjährigen Tochter in die Wohnung eingezogen und wir wissen nicht, wie wir uns ihr gegenüber verhalten sollen.

Stellen Sie sich vor, eine Achtjährige kommt verängstigt vom Spielen nach Hause: „Mama, wir wohnen in einem Geisterhaus. Hier spukt es. Wir können hier nicht wohnen." Man braucht nicht an Gespenster zu glauben, um in einem Geisterhaus zu wohnen. Kinder haben einen sechsten Sinn für Verschwiegenes und Erwachsenengeheimnisse. Der traurige Tod Ihres ehemaligen Nachbarn ist so ein Geheimnis, so eine verschwiegene, unheimliche

Geschichte, auf die Kinder sich einen eigenen Reim machen. Deshalb ist es nicht unwahrscheinlich, dass das kleine Nachbarmädchen auf dem Spielplatz oder auf dem Schulhof davon erfahren wird, allerdings so, wie Kinder solche Geschichten eben erzählen. Das wollen Sie sicher nicht riskieren, oder? Da ist es besser, Sie ergreifen selbst die Initiative und erzählen der Mutter von der Vorgeschichte der neuen Wohnung und ihres ehemaligen Mieters. Versuchen Sie, von dem verstorbenen Nachbarn so zu erzählen, dass nicht sein schreckliches Ende der Mutter im Gedächtnis bleibt.

Darüber zu reden ist sicher nicht einfach für Sie. Vielleicht war es einfacher, mit der leeren Wohnung zu leben, die an die Leere erinnert, die der unglückliche junge Mann zurückgelassen hat. Aber mit den neuen Mietern kommt auch eine Chance für die Hausgemeinschaft, den Toten in lebendiger Erinnerung zu halten, ohne ein Gespenst aus ihm zu machen, dessen unsichtbare, unbesprechbare Anwesenheit in jedem Winkel des Treppenhauses zu spüren ist. Im Erzählen wird wieder ein Mensch aus Fleisch und Blut aus ihm, vielleicht ein getriebener oder ein zutiefst unglücklicher, aber ein Mensch, zu dem auch seine Nachbarn gehörten. Erwecken Sie ihn zu neuem Leben, indem Sie von ihm erzählen. Seine Geschichte ist es wert, erzählt zu werden. Welche Eigenarten machten diesen Menschen liebenswert? Das hilft nicht nur den Kindern, die sicher jede Menge Geschichten dazu beitragen können. Das hilft Ihnen und dem ganzen Haus. Und natürlich hilft es auch den beiden neuen Mietern, in dem neuen Haus ein Zuhause zu finden.

SEIEN SIE GERNE REICH!

Seit einigen Monaten bin ich reich, weil ich sehr viel geerbt habe. Leider ist das durch einen Artikel in der Lokalzeitung publik geworden. Seitdem kann ich mich vor Bittbriefen und Anfragen nicht retten. Neulich sagte eine Freundin, die weiß, wie unbehaglich mir in meiner neuen Lebenssituation ist, zu mir: „Eher kommt ein Kamel durchs Nadelöhr als ein Reicher ins Himmelreich." Am liebsten würde ich mich verkriechen. Was soll ich tun?

Mit Verlaub, Ihre Freundin ist ein Kamel. Sie hat nicht verstanden, in welche Lage Sie der Reichtum bringt, von dem alle wissen. Das Erbe droht zur Bürde zu werden. Dabei sollte sie Luftsprünge machen und der Rest der Welt auch, weil es nichts Besseres gibt als Reiche, die mit so vielen Skrupeln und Nachdenklichkeit ausgestattet sind wie Sie. Für Menschen, die noch vom großen Geld träumen, sind diese Skrupel schwer verständlich. Zu verlockend ist das Spiel der Gedanken, das lautet: „Was ich mache, wenn ich einmal reich bin." Wenn es jemand anderen erwischt, ist Neid genauso wenig zu verhindern wie ein Übermaß an Erwartungen in der Umgebung, mit diesem Reichtum das eigene Lebensunglück zu lindern oder für die eigene gute Sache einzufordern. Nicht einmal Freundschaft schützt vor diesem Gift des Nichtgönnenkönnens. Gewinnen Sie die Hoheit über Ihr Leben zurück. Machen Sie Ihren Freunden deutlich, dass Sie sich in Ruhe überlegen wollen, was Sie mit dem Geld machen. Beziehen Sie sie in die Überlegungen ein, wenn Sie den Eindruck haben, dass Ihre Freunde es gut mit Ihnen meinen. Und signalisieren Sie Ihrer ferneren Umgebung das Gleiche. Es kann sein, dass Sie weiter mit Unverständnis rechnen müssen. Den einen werden Sie zu großzügig und den anderen zu geizig sein, für die Dritten setzen Sie mit Ihrem Geld die falschen Prioritäten. Damit werden Sie leben müssen. Natürlich können Sie das ganze Geld verschenken. Auch dann wird Ihr Leben nicht wie früher sein. Denn dann sind Sie die reiche Frau, die ihr Vermögen verschenkt hat. Fragen Sie sich stattdessen, was Ihnen selbst so wichtig ist, dass Sie es nun tun können. Welchen Mangel möchten Sie beheben, welche Initiative ist Ihnen wichtig? Woran hängt Ihr Herz? Nehmen Sie Ihr Erbe an: als Gabe und als Aufgabe.

KEIN KINDERSPIEL

In meinem Freundeskreis werden immer mehr Frauen schwanger. Lange Zeit habe ich mich bei jeder neuen Meldung mitgefreut, aber das gelingt mir immer weniger und ich fühle mich ausgeschlossen. Mit jeder Geburtsanzeige werde ich nur wieder daran erinnert, wie sehr ich mir eigene Kinder wünsche.

Wer sagt, dass geteilte Freude immer doppelte Freude ist, hat Ihre Erfahrung noch nicht gemacht. Wenn zwischen Frauen statt Urlaubsfotos nur noch Ultraschallbilder getauscht werden und die einzigen männlichen Wesen, über die noch gesprochen wird, Windeln tragen, kann das selbst beste Freundschaften belasten. Während der Bauch der schwangeren Freundinnen immer dicker wird, wächst bei Ihnen nur die Leere. Manchmal hilft es schon, sich den Schmerz einzugestehen und sich dafür nicht auch noch zu bestrafen. Es gibt gemischte Gefühle, die einen zerreißen können. Da verknoten sich Freude, Sehnsucht und Neid. Ist das Vertrauensverhältnis zu Ihren Mütterfreundinnen bisher belastbar gewesen, könnten Sie ruhig aussprechen, dass Sie sich gerade deshalb so ausgeschlossen fühlen, weil Sie eigentlich nichts lieber täten, als mit ihnen über Babymassage und Beckenbodengymnastik zu plaudern. Die eine oder andere Frau in Ihrem Bekanntenkreis ist möglicherweise sogar froh, dass sie dem sozialen Druck, überall und ausschließlich Mutter zu sein, in Ihrer Nähe für eine Zeit entfliehen kann. Sie glauben gar nicht, wie einsam das viel beschworene Mutterglück machen kann, wenn die Umwelt sich für nichts anderes mehr interessiert. Zumindest wird diese Freundin Ihnen Ihre Kinderlosigkeit durch unbedachte oder auch nur gesellschaftlich erwartete Dauerfixierung auf die lieben Kleinen nicht mehr ständig unter die Nase reiben. Versuchen Sie, sich nicht durch Ihren Kinderwunsch das ganze Leben verstellen zu lassen. Mutter zu sein ist großartig, aber nicht der letzte Lebenssinn. Wie kommt es eigentlich, dass ausgerechnet in der Bibel viele Frauen so lange vergeblich auf Kinder warteten? Sie waren die besonders Gesegneten. Sie stehen also in einer ehrwürdigen Tradition. Bei vielen kam das Kind dann doch noch. Unerwartet, als sie mit dem Hoffen schon am Ende waren. Auf ein Leben mit Kindern müssen Sie so lange nicht verzichten. Vielleicht engagieren Sie sich, bis es für Sie so weit ist, an irgendeiner Stelle, wo Kinder auf Ihre Hilfe warten?

TRAUERBEGLEITUNG IM BÜRO

Ich habe eine Kollegin, deren Mutter im Sterben liegt. Aber sie tut so, als wäre alles wie immer. Dabei kann jeder sehen, wie sehr sie das beschäftigt. Einigen im Büro hat sie sich offenbart, mir gegenüber nicht. Soll ich meine Kollegin auf ihre Mutter ansprechen oder weitermachen wie bisher? Ich würde ihr gerne helfen.

Wer einen geliebten Menschen beim Sterben begleitet, der befindet sich im Ausnahmezustand. Wie hinter Glas wirkt die Welt, die sich ungerührt weiterdreht, als wäre da nicht dieser große Abschied, die Erschöpfung, der Schmerz. Ein paar Stunden im Büro so zu tun, als wäre alles wie immer, ist für manchen eine mentale und psychische Erholung. Hier ist nichts existenziell, hier ist das Leben keine Intensivstation, hier riecht es nicht nach Tod und Verzweiflung, sondern nach Kopierern und Raumspray. Hier regt man sich über die Missgeschicke von Kollegen auf und verschüttet den Kaffee über einem Brief. Hier wird herumgealbert, hier knallen Türen. Wer sich täglich mit dem Tod in einen Raum begibt, für den ist der stinknormale Alltag im Büro unter Umständen die Gegenwelt, die den Ausnahmezustand erträglicher macht. So fühlt sich ihre Kollegin vielleicht dem Leben zugehörig. Die Trennwand zwischen ihr und dem Rest der Welt wird durchlässiger. Nehmen Sie es deshalb nicht persönlich, wenn Ihre Kollegin sich die Freiheit nimmt, mit Ihnen das Stück Normalität zu finden, das sie in Wahrheit nicht hat, anstatt auch Ihnen das Herz auszuschütten. Fragen Sie sich nicht, warum sie andere einweiht in das Leid, das Sie so gerne mittragen würden.

Nagt diese Frage an Ihnen? Vielleicht ergibt sich ja die eine oder andere Minute, in der Sie der Kollegin näher sind, wenn das Normalgesicht entgleist und die Trauerfalten sichtbar werden. Dann können Sie mit kleinen Gesten des Verständnisses signalisieren, dass Sie für sie da sind. Eine kurze Berührung, eine Tasse Tee – das hilft oft mehr als Solidaritätsbekundungen. Drängen Sie Ihrer Kollegin deshalb keine Offenbarung auf, sondern zeigen Sie ihr, dass sie mit Ihnen rechnen kann, wenn sie Unterstützung braucht. Vielleicht geht ihr die Arbeit ja doch nicht so leicht von der Hand, weil sie mit Gedanken bei der sterbenden Mutter ist. Da können Sie helfen. Mit Großzügigkeit, mit Humor und der Tatkraft, die im Zweifel niemand sieht und die der Kollegin das Leben dennoch leichter macht.

ERFOLG MIT ETHIK

Sechs Jahre habe ich in den Aufbau meines Medieninformationsdienstes gesteckt, und inzwischen läuft er gut. Mein früherer Arbeitgeber und jetziger Konkurrent tut sich dagegen immer schwerer. Jetzt hat sein bester Mann angerufen und will zu mir wechseln. Für den Ex-Arbeitgeber könnte das das Ende bedeuten. Drei Kollegen würden arbeitslos, zwei davon jenseits der fünfzig. Meine Mitarbeiterin und ich könnten den Betrieb mit dem Neuen ausbauen – und ich vielleicht nach sechs Jahren zum ersten Mal wieder Urlaub machen, mit der Familie. Soll ich sein Angebot annehmen?

Wohl dem Land, das solche Unternehmer hat! In Ihrer Frage klingt ein wirtschaftliches Ethos an, das Engagement und Ehrgeiz zwanglos mit dem Wohlergehen der Konkurrenz verbindet. Vielleicht ist das einer der Gründe, die den besten Mitarbeiter der Konkurrenz verlockt, bei Ihnen einzusteigen: ein Chef mit Gewissen und einem Horizont, der nicht am eigenen Firmenschreibtisch endet. Wenn mit diesem Schritt die Existenz eines anderen Unternehmens gefährdet ist, so ist es doch unwahrscheinlich, dass Sie den Fortbestand sichern, indem Sie den Mitarbeiter abweisen. Gerade Menschen mit großem Sinn für die Folgen des eigenen Handelns müssen manchmal erkennen, dass sie sich nicht jede Verantwortung aufbürden können. Schnell wird das Verantwortungsgefühl dann zu einem Albdruck.

Verzichten Sie um des Konkurrenten willen auf Unterstützung, werden Sie Ihrer Familie nicht gerecht, auf Dauer nicht einmal sich selber. Machen Sie aber Frau und Kinder froh und Ihr Unternehmen stärker, gefährden Sie die berufliche Laufbahn der älteren Mitarbeiter Ihres Konkurrenten – voraussichtlich. Vielleicht expandieren Sie so erfolgreich, dass Sie den beiden sogar mittelfristig auch eine Perspektive bieten. Aber viele Geschichten gehen nicht so glimpflich aus. Viel liegt an der Art, mit der Sie dem Konkurrenten und seinen Mitarbeitern begegnen, wenn dessen bester Mann die Seiten wechselt. Triumphale Überlegenheitsgesten sind offenbar nicht Ihr Stil. Verlegenheitsrhetorik ist aber auch unangebracht. Bei manchen Entscheidungen bleibt es bei gemischten Gefühlen. Das können Sie sagen. Und trotzdem den ersten Urlaub seit Jahren genießen.

VOLLES STIMMRECHT

Ich bin Chorleiter, demnächst steht ein großes Konzert an. Weil ich mit dem Klang nicht zufrieden war, habe ich einige Damen, die mit den hohen Tönen hörbar Probleme hatten, gebeten, vom Sopran in den Alt zu gehen. Nun haben sie damit gedroht, den Chor zu verlassen. Ich hätte sie verletzt, sie seien schließlich keine Profis, sondern musikbegeisterte Laien, sagen sie. Soll ich die Neueinteilung der Stimmen wieder rückgängig machen?

Seit wann ist ein Chor eine Klassengesellschaft, in der sich die Zuordnung der Stimmen mit hierarchischen Verhältnissen, Aufstiegen und Abstiegen verbindet? Wenn die Damen sich von der linken auf die rechte Chorseite begeben müssen, könnten sich zu Recht auch die Altistinnen beschweren, dass nun die Sopranstimmen die schöne Mittellage in Verruf bringen. Nein, machen Sie die Neueinteilung der Stimmen nicht rückgängig! Schließlich geht es um das große Konzert. Da soll der ganze Chor doch möglichst glänzen. Oder haben die Sängerinnen gegen dieses Argument ernste Einwände? Sie haben nur Ihr Dirigentenamt ernst genommen – und dabei vermutlich an ein Problem gerührt, das mit der bevorstehenden Aufführung weniger zu tun hat als mit dem Innenleben der betroffenen Damen: Aus dem glockenhellen Mädchensopran ist über die Jahrzehnte eine brüchige Stimme geworden. Der ehemals volle Ton ist zittrig und die Stimmbänder sind ausgeleiert wie die Haut an Kinn und Oberarmen. Altern ist nicht so schön, wie es augenblicklich gerne propagiert wird. Schon gar nicht, wenn ein vermutlich jüngerer Mann daran erinnert. Die Zwangsversetzung ist vor allem deshalb kränkend.

Musik hält jung, heißt es gern. Aber das ist nur die eine Hälfte der Wahrheit. Der Musik hört man auch das Alter der Musiker und Musikerinnen an. Das soll niemanden vom Singen und Spielen abhalten. Im Gegenteil. Aber die ehrliche Einschätzung der eigenen Fähigkeiten gehört dazu. Auf dem Kirchentag hat sich ein Chor vorgestellt. „Alte Stimmen" heißt die Truppe. „Für den Sopran reicht es nicht mehr", erzählt eine Dame um die siebzig mit grauer Kurzhaarfrisur. „Jetzt machen wir Experimente mit Stimmen, Geräuschen und Texten. Und plötzlich wollen Zwanzigjährige mit uns Musik machen. Ist das nicht klasse?"

DREISSIG PAAR SCHUHE?

Ein Bekannter von mir hat mich vor Kurzem besucht. Als er meinen Schuhschrank sah, meinte er entrüstet, 30 Paar Schuhe zu besitzen sei unmoralisch. Wie sehen Sie das?

Für Männer scheint die Sache klar zu sein: ein Paar schwarze, ein Paar braune, ein Paar Sportschuhe. Leider haben Männer auch keine orangefarbene Hosen, keine grün getupften Kleider, keine variierenden Absatzhöhen und keinen Sinn für die kleinen Unterschiede zwischen Rostbraun, Schokobraun und Hellbraun. Doch deshalb gleich die Moralkeule schwingen? Zurückgefragt: Ist es unmoralisch, 100 CDs, 2000 Bücher, sieben Füllhalter oder vier verschiedene Bohrmaschinen zu besitzen? Braucht man ein Auto mit 120 PS, um zur Arbeit und zurück zu fahren, oder wäre nicht die Bus-Monatskarte die verantwortlichere Wahl für Umwelt und Geldbeutel? Vielleicht fragt Ihr Bekannter nach dem rechten Maß. Dann ist ihm der Gesprächseinstieg allerdings nicht besonders gelungen. Es wäre keine schlech-

te Idee, manchmal zu fragen, was wir brauchen, um glücklich zu sein. Warum kaufen wir, was wir kaufen? Müssen es
die schicken Stiefeletten sein, weil die Chefin im Büro heute
mal wieder übellaunig war? Wann können wir Verschwen-
dung und Überfluss dankbar genießen und wann stopfen
wir unsere Regale, Schränke und Keller mit Dingen voll, weil
wir uns nach etwas sehnen, was für Geld nicht zu haben ist?
Maß zu halten ist keine Frage von Prinzipien, schon gar nicht
der Prinzipien anderer, die in der Regel ihre eigenen Ver-
schwendungslaster haben. Maß zu halten ist ein Balanceakt,
bei dem es Übung braucht, ein gewisses Maß an Selbstdis-
tanz, dann und wann auch gute Freunde, die freundlich
fragen: War das nötig? Eine nach außen getragene Moral,
die an Zahlen orientiert ist, verfehlt das Problem. Wenn Sie
Ihren Bekannten das nächste Mal treffen, können Sie schnip-
pisch zurückfragen: „Sind drei Fahrräder/ein vierter Com-
puter/ein Flug nach Stockholm/der Nachtisch im Restaurant
unmoralisch?" Oder Sie verwickeln ihn in ein Gespräch
über den eigenen Lebensstil, über Bequemlichkeit und gute
Vorsätze, über Verzicht, Genuss, des Lebens Fülle und die
Konsequenzen des eigenen Konsums für andere.

DURCH DIE BLUME

Unsere Vermieterin hat mich gebeten, während des vierwöchigen Urlaubs ihre Blumen zu gießen.
Ich habe mir echt Mühe gegeben, aber leider sind mehrere Pflanzen eingegangen. In wenigen Tagen kommt sie zurück. Meine Mitbewohnerin meint, wir sollten die Blumen heimlich austauschen. Soll ich?

Da sage noch mal einer, Gutes zu tun würde stets zu Hochgefühlen verhelfen. Mancher Liebesdienst führt dazu, dass danach die Köpfe hängen, die der Pflanzen und die derjenigen, die sie pflegen wollten. Was als einfache Nachbarschaftshilfe selbstverständlich ist, entpuppt sich schnell als kleines Debakel. Mit den Pflanzen fremder Leute ist es leider so wie mit Menschen, die man neu kennenlernt. Ihre Empfindlichkeiten kommen oft erst ans Tageslicht, wenn es schon zu spät ist. Ein wenig zu viel des Guten, und schon färben sich die grünen Blätter braun, seltsame Käfer kommen zu Besuch, und die Blütenpracht liegt auf dem Terrassenboden.

Hat Ihre Vermieterin Ihnen im Detail erklärt, welche Art der Zuwendung ihre Pflanzen brauchen? Oder hat sie Ihnen einfach nur den Wohnungsschlüssel gegeben? Haben Sie Ihre Gießpflichten bei 30 Grad im Schatten mal ein paar Tage vernachlässigt, oder ist die Orchideenzucht komplizierte Pflegerituale gewöhnt? Natürlich könnten Sie versuchen, die traurige Flora durch pralle neue Pflanzen aus dem Gartencenter zu ersetzen. Aber glauben Sie doch nicht, dass Ihre Vermieterin die Tauschaktion nicht bemerkt! Das ist auch schon bei Hamstern, Goldfischen und Katzen schiefgegangen. Die Besitzer der eingegangenen oder entlaufenen Wesen fühlen sich zu Recht hintergangen. Lieber gleich Farbe bekennen! Vielleicht hilft ja ein großer Blumenstrauß als Willkommensgruß für die Vermieterin über den ersten Schreck hinweg. Seien Sie ruhig ein wenig kleinlaut und geben Sie nicht dem Wetter, den Pflanzen oder der Weltlage die Schuld. Mag sein, dass die Dame ein wenig ärgerlich ist. Aber Sie hat Ihnen ihre Pflanzen anvertraut und muss deshalb auch mit dem Risiko leben, dass die grüne Pracht unter den fremden Händen leidet. Sagen Sie ihr doch ganz ehrlich, dass Sie leider nicht so einen grünen Daumen wie sie haben, in Sachen Blumenpflege noch so manches von ihr lernen wollen, und bitten Sie sie dann, Ihnen in Zukunft andere Nachbarschaftsdienste anzutragen.

GEBEN UND NEHMEN

Seit einigen Monaten teile ich mir das Büro mit einer neuen Kollegin. Mittags frage ich sie oft, ob ich ihr was zum Essen mitbringen soll. Mit ihrer Vorgängerin war das ein Geben und Nehmen. Meine neue Kollegin sagt auch gerne Ja. Allerdings erwidert sie dieses Angebot nie. Finden Sie das in Ordnung?

Welche Ordnung meinen Sie? Die Ordnung des Tausches, nach der jedes Angebot mit einem Gegenangebot und jeder Gefallen mit einem Gefallen erwidert werden muss? Die Logik des Tausches bestimmt unser Handeln fast wie ein Naturgesetz. Sie ist so allgemein, dass es nur schwer möglich ist, aus ihr auszubrechen. Deshalb muss Ihnen die Haltung Ihrer Kollegin auch stieselig oder gar egoistisch vorkommen. Vielleicht ist die Tatsache, dass sie sich nie mit einem kleinen Lieferservice zum Mittagslunch revanchiert, nur Ausdruck mangelnder Sensibilität. Sie können natürlich Ihr Angebot an die Neue einstellen und nur noch für Ihr eigenes Wohl sorgen. Aber offenbar möchten Sie das nicht. Sie können ihr bei Ihrem nächsten Gang zum Imbiss um die Ecke einfach hinterherrufen: „Bringen Sie mir was mit?" Es ist unwahrscheinlich, dass sie Nein sagt.

Oder entzündet sich Ihr Ärger über die mangelnde Zugewandtheit Ihrer Schreibtischnachbarin nur scheinbar an der Brötchenfrage, weil Ihnen die Atmosphäre im Büro insgesamt stinkt? In dicker Luft arbeitet es sich schlecht, und für Großzügigkeit ist auch kein Platz. Vielleicht hängt noch der Geist der alten Kollegin über der Arbeitsplatte der Neuen? Hoffen Sie auf ein lieb gewonnenes Ritual, weil Sie den alten Zeiten nachtrauern, in denen das Geben und Nehmen offenbar selbstverständlich war? Dann kann es sein, dass Ihre Kollegin das merkt und Ihrem Freundschaftsdienst nicht traut. Oft liegt auch in großzügigen Gesten eine kleinliche Botschaft, und die Gabe ist in Wahrheit die Aufforderung zu einem Handel. Ein Gespräch schadet deshalb nie. Finden Sie neue Gemeinsamkeiten. Vielleicht ist es statt der Sandwichtüte ein geteilter Blumenstrauß auf der Grenze zwischen den Tischen. Sie können es sich übrigens selbst leichter machen, indem Sie sich erinnern, dass wahre Großzügigkeit nicht auf Erwiderung angelegt ist. Entziehen Sie sich doch der Logik des Tausches. Verstehen Sie den nächsten Mitbringdienst nicht als Ihren Teil eines Deals, sondern als Geschenk. Das verändert Ihre Erwartungen. Ein Geschenk kommt freiwillig und ist nicht auf Gegengaben aus.

DÄMLICHE DAME

Vor ein paar Tagen habe ich in einem voll besetzten Bus meinen Sitzplatz einer älteren Dame überlassen wollen. Ich wollte nur nett sein. Da hat die Frau mich angeblafft und böse geguckt. So alt sehe sie doch noch nicht aus. Ob ich sie beleidigen wolle. Meine Groß-mutter hat gesagt, ich kann Sie fragen, ob man jetzt besser nicht mehr höflich sein solle. Ich bin zwölf.

Die meisten Menschen würden sich riesig freuen, wenn sie, statt im vollen Bus von links nach rechts zu torkeln, gemütlich sitzen könnten. Von mir hättest Du ein erleichtertes „Dankeschön!" bekommen, obwohl ich noch nicht ganz so alt bin. Oder ist das Alter inzwischen eine Frage der Perspektive? Vermutlich bin ich aus Deinem Blickwinkel auch schon eine ziemlich alte Schachtel. Aber da Du Deinen Platz im Bus ja nicht unbesehen geräumt, sondern einer bestimmten Person angeboten hast, gehe ich mal davon aus, dass die Dame über dreißig war. Und auch wenn nicht, ist ihre Reaktion ziemlich dämlich. Vermutlich ist sie mit dem linken Fuß aufgestanden, hat eine neue Runzel im Gesicht entdeckt oder einfach einen schlechten Tag gehabt.

Vielleicht hat sie jemand an der Bushaltestelle angerempelt und sie eine „alte Schachtel" geschimpft. Oder sie mag sich im Moment einfach nicht. Das geht Dir ja vielleicht manchmal auch so. Dann bist Du gemein zu anderen, obwohl Du Dich selbst gerade blöd findest. Bei Erwachsenen ist das leider auch noch so. Manche mögen sich nicht mehr, weil sie sich vor dem Älterwerden fürchten. Dich für Deine schöne Geste zu beschimpfen, ist allerdings ein starkes Stück. Und sehr kindisch. Doch glaub mir, solche Reaktionen werden die Ausnahme bleiben. Mit ein paar respektvollen Taten kannst Du Leute sogar regelrecht glücklich machen. Was grinst Du denn so glücklich?, fragte ich neulich meine Nachbarin. „Mir hat ein Junge eine schwere Eisentür aufgehalten. Mit aller Kraft, die er hatte. Das hat mir den Tag gerettet."

SIEZGELEGENHEIT

Vor ein paar Tagen hat mir ein älterer Bekannter auf einer Feier das Du angeboten. Ich war sehr überrascht und fühle mich nun unwohl dabei. Wir laufen uns beruflich immer wieder über den Weg, aber ich kenne ihn nicht gut und möchte ihn, ehrlich gesagt, auch gar nicht besser kennenlernen. Kann ich ihn weiter siezen?

Ach, waren das Zeiten, als Kinder ihre Eltern mit „Herr Vater" und „Frau Mutter" anredeten. Ein Zeichen des Respekts und des Altersunterschieds, das in unseren Ohren distanziert und herzlos klingt. Das Du war ein Ausdruck besonderer Intimität und wurde nur sehr selten verschenkt. Die Konventionen waren klar. Das Sie war kein Ausdruck der Distanz, sondern umgekehrt das Du Zeichen einer außergewöhnlichen Nähe.

Später, in den Achtzigerjahren des 20. Jahrhunderts, schien sich plötzlich jeder mit dem Vornamen anzureden. „Hey, Gabi, kannst Du mir die Schleife zubinden?", riefen da schon die Fünfjährigen, wenn die Mutter gefragt war. Dem Du konnte keiner entgehen, ob er oder sie wollte oder nicht. Es war Ausdruck eines Zeitgeistes, der gegen Hierarchien und Gefühlsabstände auf sprachliche Gleichheit setzte. Die Autoritätsfixierung in der deutschen Sprache sollte weg. Allerdings verschleiert das freundschaftliche Du schnell äußere Machtverhältnisse oder innere Reserven. Deshalb hat sich das Sie schnell wieder eingeschlichen. Aber die Dinge sind kompliziert geworden. Es gibt kaum noch klare Verhältnisse. Im Grunde sollte es möglich sein, freundlich „Nein danke" zu sagen, wenn einem das Du angeboten wird. Ärger lässt sich damit aber nicht immer vermeiden. Das Heikle in den konventionsarmen Zeiten ist ja, dass es nichts mehr gibt, was „man" tut. Die Regeln müssen im Moment der Begegnung erst erfunden werden. Jetzt gibt es den Zwang des Authentischen. Das ist ein Diktat eigener Art, das die kränkt, die andere Gesetze haben. Natürlich können Sie einfach ins Sie zurückfallen, wenn Sie den Bekannten das nächste Mal sehen. Vielleicht fällt es ihm gar nicht auf. Wenn er Sie an das Du erinnert, bitten Sie ihn freundlich, aber herzlich, beim Sie bleiben zu dürfen. Vielleicht gelingt es Ihnen ja, das so herzlich zu vermitteln, dass Ihr Gegenüber ohne größere Blessuren zur alten Höflichkeitsform zurückfindet.

INTERNET-MOBBING

Wir sind zwei ganz normale Lehrerinnen in einer deutschen Kleinstadt und werden im Internet von unbekannten Schülern mit übelsten Beleidigungen beschimpft. Müssen wir das als Teil des Schulalltags hinnehmen?

Der Tatbestand ist alt. Schon Martin Luther hat die üble Nachrede als eine Sünde bezeichnet, die es mit Mord und Totschlag aufnehmen kann. Sie kann Beziehungen zerstören, Selbstbilder vernichten und Menschen so hilflos machen, dass sie ihr Leben beenden. Die Sprache des Reformators ist deutlich: „Die heißen Afterredner, die rügen wie die Säue, die sich im Kot wälzen und mit dem Rüssel darin wühlen." Was würde er wohl sagen, wenn er sich heute auf den Portalen im Internet umsehen würde, auf denen Schüler ihre Lehrer bewerten dürfen? Wie würden die Kommentare auf seiner eigenen Facebook-Seite ausfallen? Und was läsen wir wohl über Katharina, die entlaufene Nonne und Ehefrau?

Weil die Autoren dieser Beiträge anonym bleiben, fallen auch die Schamgrenzen. „Die ist doch leicht zu haben", schreibt ein Fünfzehnjähriger aus Wut über eine Sechs. Am nächsten Morgen zerren fünf Halbwüchsige die Referendarin auf die Toilette. Zwei Zwölfjährige reizen ihren Chemielehrer so lange, bis er wütend wird. In diesem Moment nehmen sie ihre Handys mit Videofunktion, filmen ihn und stellen das Echtzeitdokument ins Netz. Nein, das ist nicht in Ordnung. Anders als die geflüsterten Lästereien auf Schulfluren finden die Attacken und Lügen mit einem Klick ein Millionenpublikum. Das Internet kennt kein Vergessen. Wir haben ein gefährlich naives Verhältnis zu dem neuen Medium. Die Technologie beherrschen wir. Aber wir haben noch keine Kultur etabliert. Machen Sie den Schülerinnen und Schülern klar, dass sie selbst jederzeit Opfer eines Rufmordes werden können. Beraten Sie sich mit Kolleginnen und Kollegen. Wer andere im Internet verleumdet, ruiniert nicht nur den guten Ruf, er vergreift sich an fremder Würde und Ehre. Und die haben auch Lehrer und Lehrerinnen. „Denn ob du das Schwert auch nicht führest, so brauchst du doch deine giftige Zunge dem Nächsten zu Schand und Schaden."

ELTERNABEND FÜR VÄTER

In den Medien wird über Quoten in Aufsichtsräten diskutiert. Bei uns im kirchlichen Kindergarten sitzen bei den Elternabenden nur Mütter. Wenn ein Vater auftaucht, sind meine Kolleginnen aus dem Häuschen vor Begeisterung. Neulich ermunterte ich einen Vater, der ständig Verbesserungsvorschläge macht, wenn er seine beiden Kinder bringt, sich einzubringen. Er antwortete, er könne nicht drei Stunden auf Kinderstühlen sitzen und Kinderkram diskutieren, während vor ihm ein Teelicht brennt. Ich war sprachlos. Was sagen Sie dazu?

Ich gehe mal davon aus, dass es sich bei diesem Vater um eines der Exemplare handelt, die sich auch auf Stühlen für Erwachsene wie Rüpel benehmen. Das können Sie ihm ruhig sagen, in dem Ton, in dem Sie einen Dreijährigen darauf aufmerksam machen, dass Sie sich von ihm nicht beschimpfen lassen. Im Umgang mit dieser Altersgruppe sind Sie ja Profi. Eine andere Frage ist natürlich, warum Väter immer noch so selten bei Elternabenden zu sehen sind, dass die wenigen Ausnahmen wie Helden empfangen werden. In vielen Familien ist das immer noch Frauensache, wie ja auch die Nachmittagsbetreuung immer noch von den Müttern übernommen wird. Und die klären am Spielplatzrand schon die meisten Probleme vor, die bei den Elternabenden auf die Tagesordnung kommen. Deshalb fühlen sich Männer dann ausgeschlossen. Die Freiheit, Elternabende wieder den Müttern zu überlassen, nannte neulich ein bekannter Vater sein gutes Recht im „postpatriarchalischen Zeitalter". Mannomann, was für eine hochgestochene Ausrede! Das ist jetzt natürlich ungerecht gegenüber all den Vätern, die sich längst in Kitas und Schulen engagieren. Allerdings gibt es auch Frauen, die sich in dieser Nische der Anerkennung so breitmachen, dass Vätern sowieso nichts Rechtes zugetraut wird. Vielleicht gibt es ja Bereiche in Ihrer Einrichtung, in denen Männer ihr Engagement auf vertrautem Terrain einüben können. Kicken, Klettergerüste mit den Kindern bauen. Manche Klischees sind und bleiben nützlich. Es soll übrigens Kindergärten geben, die eigens einen Väterelternabend machen. Ohne gestaltete Mitte, mit klarer Tagesordnung und Zeit für echte Männergespräche.

STÜRMER UND DRÄNGLER

Samstag im Supermarkt in einer langen Schlange an der Kasse. Ich beobachte, dass eine neue Kassiererin eine weitere Kasse bereitmacht. Plötzlich stürzen Menschen, die weit hinter mir stehen, auf die leere Kasse zu. Ist das nicht eine ärgerliche Drängelei?

☞ Nichts ist ärgerlicher, als nach gefühlten drei Stunden in der Warteschlange zu sehen, wie andere sich an einem vorbei auf eine leere Kasse stürzen, um mit sichtbarem Triumph im Gesicht die Tüten und Töpfe aufs Rollband zu legen. Das sind die kleinen Ungerechtigkeiten des Alltags. Vermeiden lassen sie sich nicht, weder mit Anstand noch mit Moral. Das Leben bleibt voller Unbestimmtheiten, Tücken und Ungereimtheiten, für die kein Gesetz und keine Regel gilt. Wer sollte denn mit vollem Recht und Ihrer Zustimmung die neue Kasse nutzen dürfen? Die Kunden, die noch später kommen und sich noch gar nicht in die

Schlange eingereiht haben? Oder die, die vor Ihnen stehen und sowieso bald dran sind? Oder ärgern Sie sich vielleicht, weil Sie den richtigen Moment verpasst haben, um dem schweren Wagen einen Stoß nach links zu verpassen, um so elegant in die neue Reihe zu gleiten?

Anständig ist es indes, wenn bei so einem Manöver das Kind geschont wird, das vor dem Regal mit den Schokoriegeln steht. Auch die Hacken der Dame vor Ihnen sollten tabu sein. In der Atmosphäre genervter Ungeduld, die sich vor vollen Kassen schnell breitmacht, kommt es ja manchmal zu Szenen wie auf der Autobahn, nur ohne Polizei. Da wird gedrängelt und drangsaliert, als gelte es, ein Wettrennen zu gewinnen. Ja, da kann einen schon mal das Gefühl beschleichen, man stünde immer an der falschen Kasse. So kann man sich richtiggehend das Wochenende verderben. Dann doch lieber zwei Minuten länger warten und schon mal vom schönen Abendessen träumen, Pläne oder Beckenbodengymnastik machen, ein altes Gedicht aus dem Gedächtnis kramen, sich mit einem Schokoriegel für die Warterei belohnen oder amüsiert die vielen unterschiedlichen Menschen beobachten, die es an so einem Samstagvormittag in den Supermarkt treibt – eine Zwangsgemeinschaft der Kunden, die alle ein Ziel haben: Nur raus hier, möglichst ohne Blessuren.

MARIA, KIRCHENSTEUER UND

Fragen rund um Religion

und Kirche

SPENDEN STATT KIRCHENSTEUER?

Immer, wenn ich auf meinen Gehaltsstreifen gucke, ärgere ich mich, dass ich so viel Kirchensteuer an den Staat abführe. Ich verdiene sehr gut und möchte gern mit meinem Geld kirchliche Projekte unterstützen, will aber selbst darüber entscheiden und das nicht dem Staat überlassen. Jetzt frage ich mich, ob ich aus der Kirche austreten soll.

Über der deutschen Kirchensteuer hängt ein Schleier der Missverständnisse. Das größte Missverständnis ist vermutlich der Begriff der Steuer selbst, der Ihnen zu Recht aufstößt, denn es entsteht der Eindruck, als zahlten die Christen an den Staat. Im Grunde ist die Kirchensteuer aber eine Art Mitgliedsbeitrag, der vom Staat für die

Kirchen erhoben wird. Alle, auch Sie, profitieren davon. Für die Kirchen ist der Einzug billiger, weil sie keine Verwaltungskosten haben, der Staat profitiert davon, weil die Kirchen den Staat für diese Aufgabe entschädigen, und Sie können davon ausgehen, dass alle Kirchenmitglieder ihrem Leistungsvermögen entsprechend zur Finanzierung der kirchlichen Aufgaben beitragen. Die, die wenig verdienen, zahlen wenig Kirchensteuern, Gutverdiener wie Sie zahlen mehr. Das klingt alles ziemlich trocken. Tatsächlich entfällt die Geste des Spendens und damit vielleicht auch das gute Gefühl, das sich einstellt, weil Geben guttut. Und Sie können auf diesem Wege nicht entscheiden, was mit Ihrem Geld geschieht. Aber stellen Sie sich vor, die gesamte kirchliche Arbeit hinge an denen, die am meisten bezahlen können. Der Geldbeutel bestimmte über die Einstellung der Geistlichen, über den Erhalt der Kirchengebäude, über die sozialen Projekte. Verlockend ist diese Aussicht nur auf den ersten Blick. Gerecht ist sie sowieso nicht. 1919 sollte mit der Kirchensteuer der Einfluss der Reichen in der Kirche begrenzt werden, damit die Kirchen ihre geistliche Unabhängigkeit sichern können. Ein Demokratisierungsschub in beiden Konfessionen, denn nun entscheiden gewählte Synoden oder Diözesanräte über das Geld. Dann und wann sollten Kirchenmitglieder den Synoden vielleicht genauer auf die Finger gucken und deren Entscheidungen hinterfragen, aber die Möglichkeit des Mitentscheidens auf diesem Wege steht allen, auch Ihnen, offen. Und niemand will Ihren Gehaltsstreifen sehen.

HEILIGER UNGEHORSAM

Kann man Jesus Christus nur folgen, wenn man der Kirche folgt, wie der Papst neulich betont hat?

Gegenfrage: Was genau heißt „der Kirche folgen"? Geht es darum, sich der katholischen Lehre fraglos und ohne jeden Zweifel anzuvertrauen? Oder geht es darum, der Kirche die Treue zu halten, wenn manche Lehraussage die christliche Existenz fraglich werden lässt? Verzeihen Sie die protestantische Antwort. Unter Umständen kann die Nachfolge Christi sich auch gegen die kirchlichen Autoritäten richten. Die Botschaft Jesu Christi kommt der Kirche manchmal entgegen wie ein scharfer Wind. Das zeigt ein Blick in die Kirchengeschichte. Dafür braucht es nicht einmal einen Verweis auf Martin Luther, der den kirchlichen Autoritäten seiner Zeit widersprach, weil er es mit der Nachfolge Jesu und seinem Auftrag ernst meinte. Einfache Gläubige und Töchter aus gutem Hause waren darunter, große Gelehrte und schlichte Gemüter mit großem Herzen. Sie haben die Kirche in Bewegung versetzt. Große Kirchenväter und bedeutende Reformer haben die Entwicklung von Theologie und Glauben auch deshalb geprägt, weil sie in heiligem Ungehorsam ihrer Kirche die Gefolgschaft verweigert haben. Diese Querulanten aus heiligem Geist haben Philosophen studiert, die verboten waren, sie haben auf die skandalöse Armut der Menschen hingewiesen, für die die Kirche sich nicht mehr interessierte, sie haben sich für Wissenschaften begeistert, die als unchristlich galten, sie haben um die Glaubwürdigkeit der Kirche gerungen, wenn sie zu selbstgefällig geworden ist. „Was würde Jesus dazu sagen?" Diese Frage haben sie auch in der eigenen Kirche gestellt. Oft haben sie einen hohen Preis bezahlt für diese Art von Widerspenstigkeit aus Glauben. Sie haben es sich allerdings in der Regel nicht leicht gemacht. Heiliger Widerspruch macht traurig, das Leiden an der Kirche ist die Kehrseite einer tiefen Liebe zu ihr und hat weder mit Bequemlichkeit zu tun noch mit der Neigung, die Angelegenheiten der Kirche schicker und moderner haben zu wollen. Das vorausgesetzt, könnten beide Kirchen Menschen vertragen, die sich und andere vernehmlich fragen, was Jesus zu dieser oder jener Entwicklung sagen würde. In Demut und in frechem Widerspruch, wo es nötig ist.

SEELENFÄDEN SPINNEN

*Darf ich mich als Großmutter in das
Leben meiner Kinder einmischen
und mit ihnen über die Taufe meines
Enkels reden? Mir bedeutet es viel,
in der Kirche zu sein. Diesen „Seelen-
faden" möchte ich gerne an meinen
Enkel weitergeben, aber mein
Sohn und meine Schwiegertochter
sind beide keine Kirchgänger.*

„Na, ist der Kleine denn schon getauft?" So hätte
vor Jahrzehnten noch die Nachbarin auf der Straße
gefragt. Das hat sich geändert. Fragen der Religion sind heute intimer als Sex. Eigentlich seltsam, wo doch das Verhältnis der Generationen auf der Oberfläche durch schonungs-
lose Offenheit geprägt ist. Außerdem sind die Medien voll
mit Themen zur Religion. Aber da ist es die Religion der
anderen. Über die Seelenfäden zu reden, die einen selbst
binden und verbinden, ist da schon schwerer. In so einem

Gespräch geht es ja um die eigene Religion, um den eigenen verletzbaren, tausendmal befragten Glauben. Andererseits heißt das nicht, dass Ihre Kinder sich mit der Frage der Taufe nicht auseinandersetzen, weil sie keine Kirchgänger sind. Religiöse Seelenfäden verlaufen auch in modernen Elternbeziehungen oft unsichtbar. Deshalb kann Ihre Frage ein Anstoß sein, über das zu reden, was unbesprochen bleibt. Es kommt dabei auf den Ton an. Ohne Vorwurf, ohne Drängelei, aber mit der Neugier einer überglücklichen Großmutter, die diese unsichtbare Verbindung mit dem Enkelkindchen wünscht, sollten Sie sogar fragen. Es muss nur deutlich werden, dass in dieser Frage ein Stück Ihres Seelenlebens offenliegt und keine Konvention, ein Wunsch, keine Erwartung. Wann haben Sie zuletzt mit Sohn und Schwiegertochter über das gesprochen, was Ihnen Halt im Leben und im Sterben gibt? Weisen die beiden die Tauffrage zurück, heißt das noch lange nicht, dass der Faden des Glaubens für Ihren Enkel abgeschnitten bleibt. Der Glaube der Großeltern hat schon viele Menschen geprägt. Sie sind oft Grund und Anlass für die Neugier auf das Christentum. Erzählen Sie ihm davon, lesen Sie ihm aus der alten Kinderbibel vor, nehmen Sie ihn mit in die Kirche, diesen Raum des Unverfügbaren, für den Kinder feine Antennen haben. Am Ende entscheidet sowieso der Enkel selbst.

ZWEIFELN IST ERLAUBT

Ich bezeichne mich als Christ und bin sogar ein halbwegs verlässlicher Kirchgänger. Beim Glaubensbekenntnis wird mir allerdings unbehaglich, weil ich manche Sätze nicht zu jeder Zeit unterschreiben kann. Soll ich diese Sätze einfach weglassen? Oder gar nicht mitsprechen?

Welche Sätze des Glaubensbekenntnisses machen Ihnen denn Bauchgrimmen? Der Gedanke an Gott, „den Allmächtigen, den Schöpfer des Himmels und der Erde"? Oder die „Jungfrau Maria"? Die Auferstehung der Toten? Ich bin mir sicher, dass auch Ihre Banknachbarin manchmal an den Worten zweifelt, die sie spricht. Aber das Glaubensbekenntnis sind ja nicht die „Allgemeinen Geschäftsbedingungen", die wöchentlich quasi im Vollzug des Aussprechens neu unterzeichnet werden müssten. Im Bekenntnis unseres Glaubens aktualisieren wir den Glaubensschatz der Kirche für unsere Gegenwart. Wir stellen uns in eine Kette der Gläubigen rund um den Globus und stehen in Verbindung mit denen, die vor uns geglaubt haben. Das heißt auch, dass um die Bedeutung dessen, was in den Bekenntnissen ausgesagt wird, immer wieder gerungen wird. Sonst verödet das Bekenntnis zu einem sentimentalen Zeugnis über das, was einmal geglaubt worden ist. Vor allem aber ist ein Bekenntnis keine Einzelvorstellung vor kritischem Publikum. Das Ich, das da spricht, vereinigt sich mit anderen, die mitsprechen. Diese Stimmen tragen das Bekenntnis auch dann, wenn der eine oder die andere einmal verstummt, aus intellektuellem Zweifel oder aus Verzweiflung. Im Moment des Bekennens kann ruhig eine Frage oder ein Zweifel aufbrechen, ohne dass Sie sich wie ein Heuchler vorkommen müssen. Denken Sie sich doch ein Fragezeichen hinter der Aussage. Wir können und sollen uns im Sprechen aber auch auf die Banknachbarn verlassen. Der Glaube der einen springt für den Unglauben der anderen in die Bresche. Deshalb wird das Glaubensbekenntnis auch laut gesprochen. Es kann tragen, auch wenn der Verstand gerade nicht hinterher kann oder das Herz noch unausgeschlafen ist. Trotzdem ist es sinnvoll, dann und wann zu fordern: Lasst uns mal über das Glaubensbekenntnis reden!

MARIA FÜR EVANGELISCHE

Die Marienverehrung findet in evangelischen Kreisen immer mehr Anhänger. Ist das mit den Lehren Martin Luthers vereinbar? Oder wird der Protestantismus damit nicht in seinem Selbstverständnis bedroht und aufgeweicht?

☛ „Let it be" – „Lass es geschehen". Das ist ein berühmter Beatlessong, der ein biblisches Vorbild hat: das Lied der Maria aus dem Lukasevangelium, das als „Magnificat" Musikgeschichte geschrieben hat. Hier besingt Maria, wie Gott sie in Beschlag genommen hat, unversehens und überwältigend, ohne religiöse Vorleistung ihrerseits. Maria setzt sich der Nähe Gottes aus. Sie gibt sich einer Erfahrung hin, mit der sie nicht gerechnet und die andere ihr nicht zugetraut hätten. Und sie beschreibt das, was Gott tut, als Umkehrung der Verhältnisse. Die Schwachen werden stark, die Starken werden von den Thronen gestürzt. Sie selbst sieht sich bei den Schwachen. Die Sprache, die sie für diese Erfahrung findet, ist poetisch und sehr sinnlich. Maria singt von der Hingabe und Empfänglichkeit. Heute sind das alles ziemlich zweideutige Vokabeln, die in der Kirche eher mit spitzen Fingern angefasst werden. Wer an Maria denkt, der kann den Glauben nicht vergeistigen, der Körper ist bei ihr immer im Spiel. Das ist für Protestanten vielleicht befremdlich. Doch Martin Luther liebte Maria und ihr Lied. Die Mutter Jesu verkörperte für Martin Luther die Grundhaltung des Glaubens wie keine andere. Deshalb verehrte er sie und widmete ihr einige seiner tiefsten theologischen Texte. Die Frage „Hat sie oder hat sie nicht", also auf welche Weise Maria die Mutter Jesu geworden ist, interessierte ihn nicht. Dass Maria als „Gottesmutter" wie eine Göttin verehrt werden müsse, trieb ihm die Zornesröte ins Gesicht. Maria hätte gegen diese Überhöhung Einspruch erhoben und wäre von den Heiligenpodesten geklettert, hat er einmal gesagt. Aber das, was Luther in der Bibel über Maria las, rührte ihn tief. Der Reformator sah in der Mutter Jesu das, was auch evangelische Christinnen und Christen heute wieder entdecken. Maria ist nämlich keine Macherin, sie folgt keinen Aktionsplänen, und seien sie noch so fromm. Sie ist eine, die „es sich geschehen lassen kann", wie Luther so schlicht wie eindringlich formulierte. Sie öffnet sich einer religiösen Erfahrung und lässt sich ergreifen. Die, die heute Maria wiederentdecken, verraten die Grundgedanken der Reformation nicht, sie entdecken im Lobgesang der Maria einen echten Luthersong wieder: „Let it be".

BESTATTUNG EINES ATHEISTEN

*Unser Großonkel war ein glühender
Kritiker der Kirche und vermutlich
Atheist. Jetzt hat die Familie
entschieden, ihn kirchlich bestatten
zu lassen. Uns tat es gut, aber
ist das denn nicht eine unzulässige
Vereinnahmung des Verstorbenen?*

„Nicht mal im Tode sind die Gottlosen vor Gott sicher", hat vor dreihundert Jahren ein französischer Philosoph notiert. Vielleicht würde Ihr Großonkel diesem Satz zustimmen und zustimmend seufzen. Wenn er sich in seinem Leben deutlich gegen die kirchliche Bestattung ausgesprochen hat, wäre der Weg zur letzten Ruhe tatsächlich eine Respektlosigkeit gegenüber seinen Überzeugungen und eine übergriffige Verletzung seines Rechts, vom Glauben abzufallen. Die Freiheit von der Religion ist ein hohes Gut, das auch Christen achten sollten. Dann und wann verbitten Menschen sich noch im Leben die Zwangstaufe nach dem Tode. Geistliche, die mit den trauernden Familienmitgliedern sprechen, sollten deshalb genauer nachfragen, wenn sie wünschen, dass ein Verstorbener mit kirchlicher Begleitung zur letzten Ruhestätte geleitet wird, der kein Kirchenmitglied ist.

Vielleicht war Ihr gottloser Großonkel aber auch ein gütiger Mann, der die Sehnsucht oder die Überzeugung seiner Anverwandten so sehr achtete, dass er bewusst darauf verzichtet hat, die vorletzten Dinge zu regeln, nachdem die letzten Dinge für ihn entschieden waren. Atheisten, wenn sie keine modischen Religionsverächter ohne Sinn und Verstand sind, denken ja oft genug mehr über Gott nach als die, die die Fragen nach Gott nicht an sich heranlassen. Wenn für einen Menschen nach dem Tode alles aus ist, bleibt trotzdem die Sorge um die Menschen, die er zurücklässt. Vielleicht wusste er, dass Sie, seine Familie, als die trauernden Hinterbliebenen den christlichen Trost nötig haben. Oder er hoffte doch auf die Hoffnung, die er zu Lebzeiten nicht mit Ihnen zu teilen vermochte. Dann könnten Sie nun für ihn glauben, dass sein Leben in Gott geborgen ist. Die letzte Ruhe wäre dann noch lange nicht das letzte Wort. Möglicherweise war Ihr Großonkel auch nur einer, der zeit seines Lebens mit der Kirche im Clinch lag, aber innerlich wie Hiob mit dem Allerhöchsten stritt wie ein Kesselflicker? Dann hätte dieser unruhige Geist vielleicht seine Ruhe doch in dem gefunden, der höher ist als alle Vernunft. Nehmen Sie sein Andenken doch ernst, indem Sie sich in Ihrer Familie dann und wann seine Fragen stellen.

KONFIRMATIONSPARTY

Mein zwölfjähriger Sohn warf mir neulich vor, dass ich ihn nach seiner Geburt nicht habe taufen lassen. Nun will er nächstes Jahr konfirmiert werden, aber nur wegen der Geschenke, wie er offen zugibt. Wie soll ich mich verhalten?

Was ist aus Sicht eines Zwölfjährigen das Wichtigste im Leben? Dazuzugehören. Da sein, wo die Kumpel sind, mitreden können, bloß nicht am Rande stehen. Vermutlich ist Ihr Sohn nicht von allein auf die Idee mit der Taufe gekommen. Geht sein bester Freund bald in den Konfirmandenunterricht? Oder gar die halbe Klasse? Dann träumt ein Rudel hibbeliger Vorpubertärer nun auf dem Pausenhof von der neusten Spielekonsole, von Geldgutscheinen und Mobiltelefonen, weil es bei uns so üblich ist, dass die Konfirmation auch eine Geschenkeparty ist.

Natürlich sind das die falschen Motive für Taufe und Konfirmation. Aber was weiß Ihr Sohn über den Sinn der

Taufe? Vielleicht haben Sie ihm erzählt, er soll einmal selbst entscheiden, wie er es mit dem christlichen Glauben hält? Dann kann aus den falschen Gründen eine richtig gute Gelegenheit werden. Der Konfirmation geht nämlich ein Unterricht voraus, der, wenn es richtig gut läuft, aus dem Wunsch nach den großen Geschenken die Sehnsucht nach einer ganz anderen Zugehörigkeit wachsen lässt: zur Gemeinde derer, die glauben, dass Gott Menschen ohne Noten, Leistungen und vorausgesetzte Fehlerfreiheit anerkennt. Konfirmandenunterricht, das ist längst nicht mehr nur sture Psalmenpaukerei – auch wenn das nicht schaden kann. Der Konfirmationsunterricht kann eine prägende Erfahrung sein. Hier brechen zum ersten Mal Fragen nach dem eigenen Leben auf, hier entsteht ein elternfreier Raum, in dem Kinder auf der Schwelle zum Erwachsenwerden über das nachdenken, was wichtiger ist als das neuste Handy. Zwölfjährige haben ein gutes Gespür dafür. Mit der eigenen Mutter darüber reden ist allerdings eine andere Sache. Melden Sie ihn zum Konfirmandenunterricht an. Sagen Sie ihm, dass jetzt die Zeit gekommen ist, wo er entscheiden kann, ob er dazugehören will oder nicht. So nehmen Sie sein Anliegen ernster, als er es selber nehmen kann. Es gibt Gemeinden, die machen aus der Konfirmation eine Kirchenparty, in denen die religionsmündigen Jugendlichen mit einem Fest begrüßt werden. Da erübrigt sich dann die Familienfeier mit dem berühmten Geschenketisch und die Jugendlichen behalten diesen Tag trotzdem in bester Erinnerung.

GOETHES SEHNSUCHT

Goethe schrieb: Dem Protestantismus fehlt es an Sakramenten. Es fehlt das Heilige, das Wunder. Sollte sich die evangelische Kirche nicht wieder mehr den großen Mystikern öffnen?

Kaum vorstellbar, dass der Titan Goethe einmal ein widerspenstiger Teenager war, aber der Dichter verlagert seine Kritik am Protestantismus in seine Konfirmandenjahre. In seinen Lebensbetrachtungen stöhnt er noch rückblickend über das moralinsaure Christentum und einen Geistlichen, der ihm mit Stock und Dogmatik die Sehnsucht nach dem Unverfügbaren beinahe ausgetrieben habe. Im Hause Goethe geht es noch streng lutherisch zu. Das Sündenbewusstsein wird gepflegt, und der Gott, der über die Kinderbetten wacht, ist stets schlecht gelaunt. Heute ist im Protestantismus vielleicht eine Neigung zur Moral geblieben, aber wo haben Kinder noch Angst vor einem strafenden Gott? Deshalb ist Goethes Kritik am Protestantismus mit Vorsicht zu genießen.

Der junge Goethe wollte, was alle Jugendlichen wollen: etwas Großartiges in der Religion finden, ein Geheimnis, dem er sich nähert und das doch ein Geheimnis bleibt. Etwas, das größer ist als er selbst und trotzdem Geborgenheit bietet. Diese Religion fand Goethe, man höre und staune, bei seiner frommen Großmutter. Durch sie erfuhr er etwas über die Mystiker, die das Geheimnis Gottes nicht zerredeten, sondern ergründen wollten. In der Natur, in der Stille, im Gebet. In der Begegnung mit Gott, die durch keine Pfarrer oder Väter zu kontrollieren war. Wild, wunderbar und rätselhaft. Doch die Großmama war auch evangelisch. Die Reformation hat die mystische Tradition nicht abgeschafft. Im Gegenteil. Luther lebte noch aus einer Frömmigkeit, die es an den Grenzen der Vernunft aushält. Er wusste um den Sinn von Rückzug, Stille und Versenkung.

Heute entdecken viele Christinnen und Christen (beider Konfessionen) diese Tradition neu. Doch Achtung: Die Mystik ist nicht das Gegenteil der Vernunft. Mystiker sind Philosophen und Theologen gewesen. Sie konnten es nicht lassen, die Welt und den Menschen besser zu verstehen. Sie flüchteten nicht vor der Welt, sie wollten, dass die Welt sich verwandelt. Der alte Goethe wusste das.

Meine Freundin möchte ihren Sohn taufen lassen, doch ihr amerikanischer Ehemann lehnt dies ab. Er meint, in Deutschland würden schon Kinder in die Kirche hineingezwungen. Sie hat einen Sohn aus erster Ehe, der bereits getauft ist. Sie leidet unter der Ablehnung sehr.

Religiöse Prägungen sind wie die Muttersprache. Da mag man die Fremdsprache noch so gut beherrschen und die Kunst der Übersetzung üben, wie man will, wenn es drauf ankommt, bleibt ein Rest an Unverständnis. Die Bedenken des amerikanischen Freundes wiegen schwer. Kinder sollen sich für oder gegen die Religion ihrer Eltern frei entscheiden können. Zwang verträgt sich im Tiefsten nicht mit dem Glauben. In vielen amerikanischen Kirchen gilt deshalb die Erwachsenentaufe, aber die Kinder werden schon früh und meistens intensiver als in Deutschland durch Sonntagsschulen, Sommerferienlager und spezielle Angebote mit der Konfession der Eltern bekannt gemacht. Weil Kirche und soziales Leben beinahe zusammenfallen, kann das durchaus als Druck empfunden werden. Andererseits: Auf welcher Grundlage soll das Kind denn später entscheiden, wenn es sich kein eigenes Bild vom christlichen Glauben machen kann? Religiöse Bildung ist ein Lebensvollzug. Die Taufe eröffnet den Raum für diese Erfahrung. Das Versprechen von Eltern, Paten und Gemeinde, das Kind auf diesem Weg zu begleiten, wiegt deshalb fast so schwer wie das Sakrament, das dieses Kind als Geschöpf und Geschenk Gottes kennzeichnet. Ihrer Freundin ist vermutlich diese Dimension der Taufe wichtig. Wie wäre es denn, wenn Ihre Freunde das Kind in einem feierlichen Gottesdienst segnen lassen würden? Der Segen ersetzt nicht das Sakrament, kommt aber dem Wunsch Ihrer Freundin nach einer religiösen Geste entgegen. Der Vater kann durchatmen, weil das Kind sich später entscheiden kann. Und die Familienfeier, bei der das Kind feierlich begrüßt wird, kann stattfinden. In der Frage der religiösen Erziehung müssen beide sich allerdings einig werden. Da hilft es, die religiöse Muttersprache des jeweils anderen ernst zu nehmen, auch wenn die Grenzen des Verstehens bleiben.

KATHOLISCHER HIMMEL

Ist der Himmel katholisch?,

hat mich meine Tochter gefragt.

Was hätten Sie geantwortet?

Zunächst hätte mich die Neugier gepackt. Was für eine tückische Frage! Sie hätte einen Pulk Religionsphilosophen zum Schwitzen gebracht. Was verbindet Ihre Tochter mit einem katholischen Himmel? Firmunterricht für alle? Oder den Kölner Dom als Kulisse für eine Riesenschaukel? Einen Ausdruck für die Abgrenzung von Andersgläubigen, mit dem sie sich einen Reim auf die Gespräche der Erwachsenen macht? Die Antwort wäre dann eher der Auftakt für ein kleines himmlisches Religionsgespräch. Wenn das Kind noch kleiner wäre, würde ich es mit einem Kindergarten-/Katholikentagsschlager versuchen: „Der Himmel geht über allen auf..." Das Bild ist zwar so schief wie der Sacropopsound von Vierjährigen, denn der Himmel geht ja nicht auf, er ist immer schon über allen da.

Über allen – das meint „katholisch" im griechischen Ursinn. Katholisch ist „das Ganze", also nicht das Römisch-Katholische in Abgrenzung zu anderen Konfessionen, zu den Protestanten und den Orthodoxen, sondern die Dimension, die immer schon weit über die eigene Perspektive hinausgeht. Denn wer eine Perspektive einnimmt, hat bekanntlich immer einen eingeschränkten Horizont. Das können Kinder sich mit einem kleinen Trick klarmachen. Sie bauen sich einen Rahmen aus Papier und betrachten die Welt durch diese Begrenzung. Einen Meter weiter links sieht der Ausschnitt des Himmels schon etwas anders aus. Erwachsenen schadet diese Übung auch nicht. Denn dummerweise kommt es ja oft genug vor, dass die eigene Sicht der Dinge für das Ganze gehalten wird. Sub specie aeternitatis, also aus göttlichem Blickwinkel, eine ziemliche Anmaßung. Der Theologe Friedrich Daniel Schleiermacher hat mit diesem Experiment erklärt, wieso der Sinn und Geschmack fürs Unendliche, der in der Religion zum Ausdruck kommt, immer nur einen begrenzten Blick aufs Ganze ermöglicht. Das große Ganze, wofür der Himmel steht, sollte deshalb nicht aufgegeben werden. Wir sollen mitdenken und mitglauben, so wie der Himmel immer über unseren menschlichen Bildrand hinausgeht. Deshalb ist der Himmel nicht nur ein Ort für die Sehnsucht des Menschen nach der Welt Gottes, sondern zugleich eine Erinnerung daran, dass diese Welt unfasslich bleibt. In diesem Sinne ist der Himmel gut katholisch!

ST. MARTIN LUTHER

Martin Luther ist für mich ein kirchenkritischer und obrigkeitskritischer Geist, der sich mit den Mächtigen anlegte und kein Aufhebens um seine Person gemacht hätte. Mittlerweile wird er gefeiert wie ein zweiter Messias. Ist das nicht eine unangemessene Überhöhung?

Jede Zeit hat ihren Luther. Das zeigt das Reformationsgedenken der letzten Jahrhunderte. Martin Luther war deutscher Geistestitan und Antifranzose, er wurde als Revolutionär gefeiert und als Reaktionär verachtet, er galt den einen als der erste Kulturprotestant und den anderen als Volksmissionar mit gehöriger Lust an Zoten. Manchen war er zu katholisch, manchen ein Spaltgeist und Häretiker. Die Figur und das Leben des Reformators waren und sind Projektionsflächen für politische, religiöse und gesellschaftliche Sehnsüchte oder Befürchtungen. Sie selbst führen ja auch ein Lutherbild ein, über das man, mit Verlaub, lange diskutieren könnte. Ein „kirchenkritischer und obrigkeitskritischer Geist" sei er gewesen, sagen Sie. Ganz falsch ist das nicht. Doch ganz falsch sind ja auch Zerrbilder nie. Nur zeigen sie eben nur einen Ausschnitt, dazu oft noch im schiefen Winkel. Es besteht tatsächlich die Gefahr, dass über die Bewunderung für diesen „Hier steh ich nun, ich kann nicht anders"-Typen die Fragen verloren gehen, die den Reformator zuallererst in Bewegung versetzten. Seine theologischen Einsichten verschwinden dann hinter einem mehr oder weniger subtilen Heldenkult. Der ist nicht besser, wenn der Held ein modernes, weltoffenes Antlitz erhält und an die Stelle der deutschnationalen Bronzepatina coole Filmclips treten. Deshalb ist es an der Zeit, die Lutherstory so zu erzählen, dass der fromme, gelehrte, kämpferische, charmante, melancholische, rücksichtslose, im Alter bisweilen antijudaistische Mensch Luther in all seinen Facetten zum Vorschein tritt, ebenso wie die Ereignisse, die zur Entstehung der Kirchen der Reformation führten. Das beste Mittel gegen den Lutherkult ist allerdings die Besinnung auf die wesentlichen Fragen, die er stellte: Was oder wessen bedürfen wir, um aus dem Geschäft der Selbstrechtfertigungsversuche herauszukommen? Welches religiöse oder kirchliche Gerümpel verstellt uns den Zugang zur Botschaft Gottes von der freien Gnade? Wie können wir bei Trost bleiben angesichts der Lage der Welt?

DER HEILIGE GEIST EIN GESPENST?

„Oma, ist der Heilige Geist ein Gespenst?", fragte meine sechsjährige Enkeltochter. Ich musste natürlich lachen. Wenn sie am Wochenende bei mir ist, nehme ich sie mit in die Messe. Nun bin ich um eine Antwort verlegen. Können Sie mir helfen?

Wie gut, dass Sie es nicht bei dem Erwachsenengelächter belassen. Es gibt nämlich keinen Grund, die Glaubensfragen von Kindern weniger ernst zu nehmen als die von Erwachsenen. Ihr Enkelkind hat offenbar in der Messe ziemlich gut aufgepasst. Komm, Heiliger Geist, rufen die Liturgen. Die Gemeinde bekennt sich zu ihm und singt von ihm. Zu sehen ist allerdings niemand. Spukt es etwa in der Kirche? Kinder haben damit kein Problem. Sie rechnen fest mit dem Unsichtbaren. Sie haben Freunde, die nur sie sehen können, und halten ihnen manchmal jahrelang die Treue. Kombiniert mit den zahllosen Gespensterwesen aus Kinderbüchern, liegt es nahe, den Heiligen Geist als das

Gespenst Gottes zu verstehen, das durch Türen geht und seinen Schabernack mit bösen Menschen treibt. Allerdings sind Gespenster im Volksmund und in der Literatur die Geister der Toten, die keine Ruhe finden. In ihnen bekommen die unverarbeiteten Tode eine Erscheinung, die oft genug schrecklich ist. In den Kindergeschichten vom kleinen Gespenst ist der Schrecken nur noch ein kleines Angstgefühl, aber auch hier gilt: Wenn's spukt, sollen die Menschen sich fürchten. Da mag die Halloween-Industrie daraus auch einen fröhlichen Spaß mit Gänsehauteffekt machen – aus der Angst vor dem Tod und den Toten entsteht das Material, aus dem auch in der Moderne noch die Gruselgeschichten für Kinder und Erwachsene sind. Der Heilige Geist ist dagegen der Geist des Lebendigen. Als Geist Gottes vertreibt er die Gespenster. Er lehrt nicht das Fürchten. Er vertreibt die Furcht. Auch vor den Monstern unter dem Bett und im düsteren Keller. Der Heilige Geist ist buchstäblich ein Geist der Aufklärung. Durch ihn hellen sich all die düsteren Winkel des Aberglaubens an Untote, Wiedergänger und Nachtgestalten auf. Im Johannesevangelium nimmt der Heilige Geist die Rolle eines Beistands oder Trösters ein, eine Beschreibung, die dem unsichtbaren Freund in der kindlichen Vorstellungswelt vielleicht näher ist als die abstrakten Beschreibungen der kirchlichen Dogmatik. Bevor Sie dem Enkelkind antworten, fragen Sie sich doch einmal selbst, was diese unsichtbare Kraft Gottes für Sie bedeutet.

IST RELIGIONSUNTERRICHT MISSION?

Mein Sohn besucht im Gymnasium den evangelischen Religionsunterricht. Dort beschäftigen sie sich mit den Weltreligionen, mit gesellschaftlichen Fragen und lesen Camus. Wäre es nicht besser, sich mit der Exegese biblischer Texte zu befassen? So, wie es jetzt läuft, könnte mein Sohn auch den Sozialkundeunterricht besuchen.

Religionsunterricht in der höheren Schule ersetzt weder den Konfirmandenunterricht noch die Missionsstunde zwischen Deutsch und Mathe. Der konfessionelle Unterricht soll zur kritischen Auseinandersetzung mit der eigenen Glaubenstradition führen, den Sinn für das Geschichtliche der eigenen Religion fördern, kritische Anfragen an das Christentum diskutieren und verstehen lernen, wie sich die eigene Religion von anderen religiösen Überzeugungen unterscheidet – und was sie verbindet. Dazu soll deutlich werden, dass Gott und Welt miteinander zu tun haben. Das führt zwangsläufig zu ethischen Grundfragen. Ein anspruchsvolles Programm, ohne das der Religionsunterricht in der öffentlichen Schule aber nichts zu suchen hätte. Wer von Religion keine Ahnung hat, versteht auch nicht ihre Kritik, wer die christlichen Traditionen nicht kennt, dem wird es schwerfallen, Argumente für und gegen neue ethische Fragen im Geiste des Christentums zu finden. Noch schwieriger wird es, die eigene Religion mit anderen zu vergleichen. Auch die Exegese biblischer Texte, das theologische Handwerkszeug, hilft nur dann weiter, wenn die biblischen Erzählungen vorher vertraut sind. Wer die Tradition kennt und in ihr zu Hause ist, dem kann die kritische Auseinandersetzung mit der Geschichte ihrer Entstehung nur nützen. Wer die Geschichten nicht kennt, weiß auch nicht, warum sie zu so unterschiedlichen Auslegungen provoziert haben. Das A und O eines guten Religionsunterrichts ist deshalb eine solide Bildung, Erfahrungen mit den biblischen Geschichten und dem Kirchenjahr, der Geschichte des Christentums und seiner Konflikte. Das kann aber niemand mehr voraussetzen, auch nicht an Gymnasien. Keine Deutschlehrerin würde davon ausgehen, dass die neue Klasse Goethe schon kennt. Die Lust an den Klassikern – leider auch die Abneigung – wird in der Schule erst geweckt. Das muss auch für den Religionsunterricht gelten. Dann kann man mit Lust kritisieren, historisieren, aktualisieren, eigene Standpunkte finden und wieder verwerfen. Ohne diese Basis wird die Kritik zum Unsinn.

BANK ODER ZELT

Warum tut sich die Evangelische Kirche so schwer mit der Occupy-Bewegung, wo sie sich doch sonst so gerne als Anwältin der Ausgebeuteten stilisiert?

Wer ist denn die Evangelische Kirche? Ihr Pressesprecher oder ihr Ratsvorsitzender, die Bischöfin oder der Pfarrer vor Ort? Schön wäre es. Dann könnten die evangelischen Christen die Verantwortung für die Welt ja delegieren und dann entscheiden, ob ihnen das, was von den Kanzeln gerufen wird, auch passt. Eine solche Instanz gibt es aber nicht. Es gibt offizielle evangelische Stimmen, die den Ton treffen, der in Kirchenparlamenten, Gemeinden und bei eher distanzierteren Christenmenschen auf die Resonanz der eigenen Überzeugung trifft. Hier sehe ich eher Übereinstimmungen mit vielen Zielen der Occupy-Bewegung. Aber es kann schon mal zu Zerreißproben kommen, wie vor Kurzem in Frankfurt, als eine Bankerin auf eine ehemalige Konfirmandin aus der Gemeinde trifft. Die Studentin steht vor einem der Zelte und malt an einem neuen

Spruchband: „Enteignet die Banken!" Die Ökonomin hat einen Termin im gläsernen Koloss. Ist die eine nun eine Sünderin und die andere die Gerechte? So einfach ist es nicht. Beide wissen das. Deshalb treffen sie sich nun regelmäßig zum Kaffee im Zelt und diskutieren über eine gerechte Welt, über Finanzmärkte und über das Zocken auf Rohstoffe und Getreide. Dieses Thema hat übrigens die Bankerin aufgebracht. Die Neunzehnjährige hatte es nämlich vor dieser Begegnung gar nicht so genau wissen wollen. Sie stellt nun fest, dass auch diejenigen sich unter Umständen ihre Gedanken um die Zukunft der Welt machen, die mit Geld Geschäfte machen. Wie umgekehrt die Frau im blauen Kostüm sich von verfilzten Haaren und schlichten politischen Parolen nicht abhalten lässt, die Proteststadt zu besuchen. Evangelisch ist es, niemanden aus der Verantwortung für die Welt zu entlassen. Ob die Christin mehr verändert, die bei ethisch bedenklichen Investments Einspruch erhebt, oder die junge Christin, die gerne die ganze Welt aus den Angeln heben würde, ist offen. Sie kämpfen gegen den Fatalismus: Man kann ja doch nichts ändern. Beide sind sich einig, dass Luthers Mahnung heute auch für das Finanzsystem gelten muss: „Was nicht im Dienst steht, steht im Raub."

REDEN STATT STREIKEN

Ich bin Altenpflegerin in der Diakonie und erlebe, wie die Arbeitsbedingungen immer härter werden. Nun habe ich gelesen, dass die Synode der EKD beschlossen hat, dass wir Mitarbeiter trotzdem nicht streiken können, obwohl die Gewerkschaft Verdi sich für unsere Belange stark gemacht hat. Wer zeigt denn hier christliche Haltung?

Die Diakonie ist deshalb so unter Druck, weil die Gesellschaft entschieden hat, dass im Bereich des Sozialen vor allem die ökonomische Vernunft herrschen soll. Harter Konkurrenzdruck und ein umkämpfter Markt sind die Folgen. Von den Mitarbeitern werden christliche Haltungen eingefordert, die die Diakonie als Arbeitgeberin selbst außer Kraft setzt. Seit einigen Monaten sind die Missstände auch öffentlich. Von Lohndumping, Outsourcing und schlechten Arbeitsbedingungen ist die Rede. Sie wissen, was das im Alltag derer heißt, die sich für die Menschen beruflich engagieren, um die es der Kirche gehen muss, die Schwachen und Kranken, die an den Rand Gestellten und die, die keiner sieht. Deshalb ist es wichtiger denn je, dass Menschen wie Sie mit Nachdruck auf Mängel und massiven Vertrauensverlust in der eigenen Einrichtung hinweisen. Doch wenn die Synode nun den sogenannten dritten Weg, wie er sich in langen Jahrzehnten bewährt hat, nicht außer Kraft gesetzt hat, dann haben die Kirchenparlamentarier das so deutlich wie noch nie mit der Ansage verbunden, dass die Diakonie ihre eigene Glaubwürdigkeit nicht länger selbst aufs Spiel setzen darf. Die Gewerkschaften plädieren für Streik. So uneigennützig ist dieses Interesse allerdings nicht. Nur zu gerne sähe Verdi die, die bei einem der größten Arbeitgeber in Deutschland arbeiten, als Mitglieder in der eigenen Kartei. Im dritten Weg herrscht ein anderes Modell des Umgangs von Konflikten um Lohn und Arbeitsbedingungen: der Gedanke des friedlichen Aushandelns, an dessen Ausgang eine möglichst gute Lösung für alle steht, die aber nie auf Kosten des diakonischen Auftrags geht. Dafür gibt es arbeitsrechtliche Kommissionen und Mitarbeitervertretungen. Dieses Modell setzt voraus, dass alle, die in der Diakonie arbeiten, den „Dienst am Nächsten" als ihren eigenen Auftrag verstehen. Das kann nur gelingen, wenn der Sinn dieses Auftrags bei der täglichen Arbeit nicht verloren geht. Deshalb müssen die, die in den großen Einrichtungen Verantwortung tragen, immer wieder daran erinnert werden, was es wirklich heißt, „nahe bei den Menschen" zu sein.

WC UND WÜRDE

In dem evangelischen Altersheim, in dem meine Mutter lebt, tun auch ungelernte Praktikanten Dienst und geben sich redlich Mühe. Doch oft gehen ihnen die Nerven durch, weil sie nicht verstehen, dass es ihren Kunden nicht egal ist, ob das Essen später kommt oder sie auf den Toilettengang länger als üblich warten müssen. Der menschliche Umgang leidet dabei. Sollte in einem christlichen Altersheim nicht darauf besonders Wert gelegt werden?

Die Menschenwürde muss sich auf der Toilette bewähren, hat mal ein galliger Philosoph gesagt. Er wollte zeigen, dass die Würde und das christliche Menschenbild in Sonntagsreden und auf Plakaten leicht zu beschwören und in den heiklen Zonen am Ende des Lebens leicht zu beschädigen ist. Würde auf dem Klo? Das ist nur auf den ersten Blick eine Provokation, denn wenig ist für alte Menschen so demütigend, wie zu spät zur Toilette geschoben zu werden. Und wer sich nur für drei Minuten vorstellt, er säße ans Bett gefesselt in seinem Zimmer und man habe ihn und sein Abendbrot vergessen, ahnt, wie verletzlich die Würde im Alter ist. Deshalb steckt die Liebe im Detail. In der Verlässlichkeit alltäglicher Rituale, in den Gesten der Aufmerksamkeit und in den beiläufigen Berührungen. Ja, in einem christlichen Altersheim sollte besonderer Wert auf diese vermeintlichen Kleinigkeiten gelegt werden. Doch die Ökonomisierung des Alters macht auch vor kirchlichen Einrichtungen nicht halt. Sie selbst sprechen von den alten Menschen als „Kunden". Unsere Sprache verrät uns! Personalengpässe sind mittlerweile die Regel und Praktikanten mit ihren Aufgaben oft überfordert. Missstände werden schnell mit dem Hinweis auf die knappen Ressourcen abgetan, man „könne ja nicht so, wie man wolle". Das stimmt sogar. Gehen Sie trotzdem mit Ihren Erfahrungen zur Heimleitung und stellen Sie dort die gleiche Frage. Fragen Sie andere Betroffene, wie sie die Betreuung erleben. Wenn Sie sicher sind, dass Ihre Mutter schlecht behandelt wird, dann müssen Sie das nicht hinnehmen, denn es gibt auch unter dem enormen Druck finanzieller Engpässe besser und schlechter geführte Heime. Was Sie erleben, hat aber auch eine gesellschaftliche Dimension, über die wir uns alle klar werden sollten. Würde im Alter ist nicht billig zu haben.

KORAN, PLAGIATE UND DIE

Fragen rund um Politik

ENERGIEWENDE:

und Gesellschaft

RENT A MOTHER!

Bei Prominenten liegt es offenbar im Trend, Kinder per Leihmutter austragen zu lassen. Erst kürzlich habe ich von Nicole Kidman gelesen. Die Medien stellen das als etwas ganz Normales dar. Soll ich einen Leserbrief schreiben?

Mehrere amerikanische Schauspielerpaare haben ihre Kinder mit der Hilfe von Leihmüttern auf die Welt gebracht. Detailliert berichten die Artikel mit bunten Bildern vom Kindersegen in Hollywood und New York, so anteilnehmend, als handele es sich um eine der vielen neuen Moden, die aus Kalifornien kommen. Eine Reporterin aus dem Reich der Schönen und Berühmten rätselt sogar: „Ist das ein Weg, ohne Schwangerschaftsstreifen und Gewichtszunahme zu eigenem Nachwuchs zu kommen?" So nebenbei erfährt die Leserin, dass die Leihmütter über eine Agentur vermittelt werden, beste medizinische Versorgung und 30 000 Dollar für ihre Dienste zu erwarten haben. „Wir lieben sie", hört man die Blondine mit dem makellosen Gesicht förmlich kreischen. Keine Spur von ethischen Bedenken, während wir in Deutschland zeitgleich über die Zulassung der Präimplantationsdiagnostik in engsten Grenzen diskutieren. In den Magazinen werden die neusten Faceliftings kritischer kommentiert als die Leihmutterschaft von Kidman und Co. Wer dazu schweigt, akzeptiert die Grenzüberschreitung dessen, was sich bei uns mit Mutterschaft verbindet, als normal. Denn für normal halten wir ja das, was nicht infrage steht. Residieren Prominente bei uns in einer „gated community", einer geschlossenen Gesellschaft, die gegenüber ethischen Standards, moralischen Intuitionen oder den Fragen Normalsterblicher unbehelligt bleibt? Ich glaube, wir sollten es dem Boulevardjournalismus nicht durchgehen lassen, Normalität zu suggerieren, wo keine ist. Da mögen die Artikel zwischen Tragemüttern und Sorgemüttern unterscheiden und so tun, als machten die, die ihre Gebärmutter für neun Monate verkaufen, das aus Nächstenliebe – gegen Geld mit der befruchteten Eizelle einer anderen schwanger werden und Gesundheitsrisiken in Kauf zu nehmen, damit Gutbetuchte sich ihren Kinderwunsch erfüllen, das drängt nach einem ethischen Urteil. In Deutschland ist Leihmutterschaft übrigens schlicht verboten. Aus gutem Grund. Schreiben Sie!

AUTO UND AUTONOMIE

Meine Nachbarin, fünfundachtzig Jahre alt, ist mir ins Auto gefahren. Sie hat sich bei mir entschuldigt. Da sie schlecht sieht, ist es nicht ausgeschlossen, dass sie immer wieder Unfälle baut. Soll ich ihr sagen, dass sie ihren Führerschein abgeben soll?

Auf den ersten Blick scheint die Sache klar. Eine Fünfundachtzigjährige mit nachlassender Sehschärfe sollte ihren Führerschein abgeben. Nicht nur, um Mauern, Gartenzäune und Kotflügel vor Kratzspuren zu schützen. Wer nicht mehr fahrtüchtig ist, gefährdet auch andere Menschen. Wenn die alte Dame keine nahen Verwandten hat, die sie auf diese Wahrheit vorbereiten, ist es aller Ehren wert, dass Sie als aufmerksame Nachbarin diese Aufgabe übernehmen wollen. Doch so einfach ist die Sache nicht. Zum einen könnte es sein, dass die alte Dame Ihren Vorstoß als Unversöhnlichkeit nach dem Unfall deutet. Vielleicht haben Sie ihr den Blechschaden doch nicht verziehen?

Auf den Führerschein würde sie dann sicher nicht verzichten, zumal auch das Alter vor Trotz nicht schützt. Doch wäre das die kleinere Schwierigkeit.

Es geht nämlich nicht nur um eine schnöde Fahrerlaubnis. Eine Frau, die heute fünfundachtzig ist und Auto fährt, muss ein großes Bedürfnis nach Autonomie haben. Entweder hat sie den Führerschein schon vor langer Zeit erworben, als die Frauen gemeinhin noch von ihren Ehemännern, Brüdern oder Söhnen durch die Gegend kutschiert wurden. Oder sie hat den Führerschein erst spät gemacht, als Zeichen des Triumphes über eine überwundene Abhängigkeit. Beides spricht für eine starke Persönlichkeit. Die Fahrerlaubnis ist deshalb vermutlich ein ziemlich aufgeladenes Dokument von einigem Gewicht. Unsere Gesellschaft will es ja auch so: Wer ein Auto hat, ist mobil und mittendrin. Wer keins mehr hat, ist abgehängt und alt. Vielleicht können Sie die alte Dame schrittweise auf die autolose Zeit vorbereiten. Fragen Sie sie doch, wann immer Sie selbst ins Stadtzentrum oder zur Apotheke fahren, ob sie Ihnen auf dem Weg Gesellschaft leisten will. Oder bringen Sie ihr was mit. Nehmen Sie sich Zeit für das Gespräch. Sie können es nicht zwischen Tür und Angel führen. Verzichten Sie auf Besserwisserei, Statistiken und jeden Anflug von Entmündigung. Machen Sie sich klar, dass Sie einen schmerzhaften Abschied begleiten, der Respekt verdient. Vielleicht werden Sie im Gegenzug mit aufregenden Geschichten aus der Zeit belohnt, als Autofahren noch nicht so selbstverständlich war.

TOTAL INTEGRIERT

Als Rektorin einer katholischen Grundschule habe ich einer Schülerin mit Migrationshintergrund keine Empfehlung fürs Gymnasium gegeben. Die Eltern sind Sturm gelaufen. Die nötige Aufnahmeprüfung auf einem Gymnasium hat die Schülerin knapp nicht bestanden. Daraufhin zogen die Eltern vor Gericht. Die Sache vergiftet das Klima in meiner Schule. Und inzwischen wird meine Tochter auf dem Weg zum Gymnasium belästigt, vermutlich von Brüdern und Freunden der Schülerin. Habe ich richtig gehandelt, weil meine Umgebung die Folgen meiner Entscheidung mittragen muss?

Mit gehörigem Zynismus könnte ich jetzt sagen: Da haben Sie es ja mit vollständig integrierten Eltern zu tun. Erst machen sie Druck, damit das eigene Kind aufs Gymnasium kommt, auch wenn die Leistungen nicht stimmen, und wenn das nichts bewirkt, ziehen sie vor Gericht. In der Tat könnten Eltern mit Migrationshintergrund auf die Idee kommen, ihrem Kind würde übel mitgespielt. Wissenschaftliche Untersuchungen und reißerische Medienbeiträge bestätigen ja, dass Kinder von deutschen Akademikern oft genug trotz mangelnder Leistungen auf die höhere Schule verschoben werden. Zur Not geht es noch auf einer Privatschule. Wenn Sie sich sicher sind, dass Sie bei der Tochter eines deutschen Juraprofessors die gleiche Empfehlung ausgesprochen hätten, haben Sie nichts falsch gemacht. Denn nur wenn Sie versuchen, alle Kinder gleich zu behandeln, haben auch alle die gleichen Startbedingungen. Da die ehrgeizigen Eltern des Mädchens offenbar andere Gründe hinter der Ablehnung vermuten, gibt es zwei Möglichkeiten: Entweder haben sie in anderen Situationen echte Benachteiligungen erlebt und gebrauchen die offizielle Abweisung nun als Ventil für ihren Frust. Oder sie nutzen die öffentlichen Debatten für ihre Zwecke aus. In beiden Fällen können Sie das Problem nicht alleine bewältigen. Kennen Sie Eltern mit vergleichbarem Hintergrund, die sich für Sie und Ihre Unbestechlichkeit auch öffentlich verwenden können? Sie dürfen sich nicht erpressen lassen. Es ist nicht akzeptabel, wenn Ihre Tochter drangsaliert wird. Lassen Gehen Sie notfalls zur Polizei. Sonst machen Sie sich erpressbar.

WÜRDE WÄRMT

*Bei eisigen Temperaturen tun mir
die Obdachlosen besonders leid.
Ich bin hin- und hergerissen. Soll ich
Geld geben oder vielleicht Lebens-
mittel? Geld spenden an den
Kältedienst oder das Diakonische
Werk? Eine Straßenzeitung kaufen?
Was wäre hilfreicher?*

Vor ein paar Tagen spielte sich in der Berliner
S-Bahn diese Szene ab: Auf einer Bank lag zusam-
mengekauert eine Obdachlose und wickelte sich mit blau
gefrorenen Händen in ihren Schlafsack. Eine hochgewach-
sene Dame im eleganten Mantel trat auf sie zu und sagte mit
strengem Ton: „Mein Mädchen, Sie haben ja gar keine Hand-
schuhe an. So holen Sie sich den Tod." Die Frau grummelte:
„Ick hab se verloren." Der Zug fuhr ein, die Dame drehte sich
schon zur Bahnsteigkante, da kehrte sie zur Bank zurück,
streifte ihre Lammfellfäustlinge ab und gab sie der Frie-
renden. „Hier, nehmen Sie die", sagte sie und half noch, sie

über die verbeulten Finger zu ziehen. „Das ist doch naiv. Als hätte die Frau keine größeren Probleme als kalte Hände", murmelte da ein Passant, seine Hände tief in der Daunenjacke vergraben. Dieser Schlaumeier mag recht haben. Vielleicht verschenkte die Frau ihre Fäustlinge aus schlechtem Gewissen und nicht aus reiner Nächstenliebe. Wer will das schon entscheiden? Meist mischen sich unsere Gefühle im Angesicht des Elends. Lammfellhandschuhe können vielleicht kein Leben, aber immerhin Fingerkuppen vor dem Erfrieren retten. Vielleicht wärmt die Freundlichkeit dieser Frau aber auch den Teil, der von der sozialen Kälte angegriffen wird. Ihre Würde. Wegsehen ist an kalten Tagen keine lässliche Ignoranz, sie ist lebensgefährlich. Deshalb rufen Sie unbedingt die Polizei oder den Kältedienst, wenn Sie einen Menschen sehen, der sich in einem Hauseingang oder vor einer Ladenpassage verkrochen hat. Alkohol oder psychische Krankheiten machen diese Nächsten nicht nur unempfänglich für die lebensbedrohliche Kälte, sondern unter Umständen auch unempfänglich gegen unsere mildtätigen Gaben, die sie manchmal mit harschen Kommentaren quittieren. „Sind die hässlich", meinte die Obdachlose auf der Bank dann auch zu ihren neuen Handschuhen. Aber sie hat gelacht.

GEISTIGER DIEBSTAHL

Ich habe gerade mein Promotions-verfahren abgeschlossen. Ehrlich gesagt: Ich habe selbst manche Passagen anderer Autoren eingear-beitet, ohne die Quelle zu nennen. Es ist niemandem aufgefallen. Muss ich das gegenüber meinem Doktorvater zugeben?

„Alles nur geklaut", singen die Prinzen in ihrem Popsong und 70 Prozent der Deutschen finden das im Falle einer Doktorarbeit nach einer Umfrage gar nicht so schlimm. Doch warum hatten dann so viele Promovierte in der letzten Zeit eine schlaflose Nacht? Sie waren sicher nicht allein. Regt sich das schlechte Gewissen oder ist es nur die Sorge, dass irgendwann einmal ein zorniger Arbeitskollege, eine genervte Tochter oder gar ein Professorenkollege auf die Idee kommt, das eigene Werk nach dem Diebesgut zu durchforsten? Moralische Erbsenzählerei? Nein, es ist rich-tig, dass Sie sich fragen, wie Sie mit den Lässlichkeiten in der eigenen Doktorarbeit umgehen sollen. Schließlich haben Sie ja unterschrieben, dass Sie nach bestem Wissen und Gewissen den wissenschaftlichen Standards gehorchen. Diese Spielregeln helfen dazu, dass die Wissenschaft innovative Gedanken entwickeln kann. Zum Wohle der ganzen Gesellschaft. Wer dieses Ethos verrät, macht aus der Universität einen Schwarzmarkt, auf dem die geschicktesten Händler gewinnen. Gute Ideen entstehen aber meistens im Gespräch mit anderen. Fußnoten sind deshalb so etwas wie der Ausweis der Dialogpartner. Deshalb sind sie zwar klein und manchmal ziemlich lästig, aber doch eine Geste des Respekts vor der geistigen Arbeit anderer. Danke, Kollege, diese Idee ist von dir. Danke, unbekannte Autorin, dass du mein Problem auf den Punkt gebracht hast. Wer auf diesen Ausweis verzichtet, handelt wie ein Hehler, der Waren verkauft, die ihm nicht gehören. Übrigens: Wer seine eigenen Gedanken und Formulierungen unter dem Namen eines anderen findet, dem geht der Song von den Prinzen nicht mehr so locker über die Lippen. Das Gefühl, bestohlen zu werden, der Eindruck von Verrat und Lüge zerstört Vertrauen. Fragen Sie sich selbst, wie viel Diebesgut in Ihrer Arbeit vergraben ist. Fragen Sie sich, ob der Titel Ihnen wirklich zur Ehre gereicht. Korrigieren Sie die Schummelei.

ORGANSPENDER JESUS?

*Kürzlich fragte mich ein Freund,
ob ich einen Organspendeausweis
habe. Ich verneinte. Daraufhin sagte
er: Würde Jesus heute leben, dann
hätte er einen Organspendeausweis.
Ich war sprachlos: Hätte ich ihm
widersprechen sollen?*

„Würde Jesus heute leben, dann würde er ...", dieser Satz zwingt eher in die Knie, als dass er zu einer klaren Haltung verhilft. Denn was die einen mit dem Brustton der Überzeugung im Namen Jesu fordern, lehnen die anderen mit gleicher Entschiedenheit und unter Berufung auf ihn ab. Deshalb lohnt sich nicht einmal Widerspruch gegen diesen Satz von der Art einer vorgehaltenen Pistole. Peng, du hast unrecht. So eröffnet man kein Gespräch unter Freunden über ein so ernstes Thema. Christinnen und Christen sollen sich allerdings fragen, was dem Geiste Jesu und seinem Evangelium am ehesten entspricht. Vielleicht war der Freund irritiert über Ihr lapidares „Nein" und wollte Sie provozieren. Haben Sie sich das Thema so vom Leib halten wollen? Oder war Ihnen die Frage unangenehm, weil Sie sich ertappt fühlten oder schlicht nicht in der richtigen Stimmung für ein Gespräch über Leben und Tod? Wäre doch schade, wenn der verunglückte Satz Sie um ein gutes Gespräch mit einem Freund brächte. Wenn es um eine Haltung zur Organspende geht, gibt es starke Gründe für den kleinen Ausweis in der Geldbörse. Die Bedenken und Einwände dagegen sollten nicht weggewischt werden. Ganz gleich, zu welchem Ergebnis Sie kommen: Jesus, so wie wir ihn durch die Darstellungen der Evangelien kennen, hätte die Frage, ob Menschen ihre Organe im Falle ihres Todes einem anderen Menschen zur Verfügung stellen, sicher nicht verdrängt. Wer sie sich stellt, kann dem Nachdenken über die eigene Sterblichkeit nämlich nicht mehr ausweichen. Der kleine Ausweis ist auch das Dokument einer bestandenen inneren Auseinandersetzung. Vielleicht wollte Ihr Freund ja genau darüber reden. Oder er hat gerade im engsten Familienkreis erlebt, was es bedeutet, wenn jemand mit neuer Niere oder Lunge weiterleben darf, der eigentlich dem Tod geweiht war. Dann hat er Ihnen verbal die Waffe auf die Brust gesetzt, weil er es nicht mehr erträgt, dass Menschen das Thema einfach verdrängen. Sprechen Sie ihn doch darauf an.

SPIEL NICHT MIT DEN SCHMUDDELKINDERN

Die beste Freundin meiner kleinen Tochter in der Grundschule wächst in sozial prekären Verhältnissen auf. Obwohl ich politisch dafür bin, auch „Schmuddelkindern" eine gesellschaftliche Chance zu geben, würde ich meiner Tochter diesen Umgang am liebsten verbieten. Ist das unmoralisch?

Kinder sind keine Projektionsfläche für sozialromantische Träume, sie sind auch keine lebendigen Objekte fürs politisch korrekte Gesellschaftslabor. Doch was ist, wenn es umgekehrt läuft? Ihre Tochter erklärt keck die Aufteilung der Welt in Sozialmilieus für unerheblich bei der Wahl ihrer Freundin und hält ihr die Treue, wie nur kleine Mädchen es tun. Allen Unterschieden zum Trotz. Die erste Busenfreundin zum Tuscheln und Kichern, für Pippi-Langstrumpf-Nachmittage und kindliche Gespräche – noch vor der ersten großen Liebe kommt die Erfahrung der ersten Freundschaft. Wollen Sie Ihrer Tochter diese Erfahrung madig machen mit dem Hinweis auf „prekäre Verhältnisse"? Mit welcher Begründung wollen Sie ihr diese Freundschaft verbieten? Weil das andere Mädchen arm ist? Oder schlecht erzogen? Oder nur schlecht angezogen? Oder weil es bei laufendem Fernseher die Hausaufgaben macht? Kinder sind schlau. Sie haben einen ausgeprägten Sinn fürs Anderssein. Welche Unterschiede bemerkt Ihre Tochter an ihrer Freundin? Kein Vollkornbrot in der Frühstücksbox, kein Klavier im Wohnzimmer, keine Familienurlaube in Italien? Das hält Ihre Tochter nicht davon ab, gerade diesem Mädchen ihr Herz zu schenken. Vielleicht teilen die beiden ihr Pausenfrühstück längst. Vermutlich wird sie sich in der Schule dafür so manchen Spott gefallen lassen. Sogenannte Schmuddelkinder werden schon früh zu Außenseitern. Sehen Sie es doch so: Sie haben ein mutiges Kind mit einem Sinn für echte Freundschaft. Irgendwas müssen Sie richtig gemacht haben in Ihrer Erziehung. Jetzt fordert sie Sie heraus mit einer Haltung, die Sie ihr beigebracht haben. Begleiten Sie die beiden Kinder. Unternehmen Sie etwas mit ihnen. Geben Sie der Freundin Ihrer Tochter eine Chance, an Ihrem Leben teilzunehmen. Vielleicht will Ihre Tochter irgendwann auch über das reden, was sie stört oder gar verstört. Vielleicht sieht und hört sie Dinge, mit denen sie nicht fertig wird. Dann braucht sie Ihre liebevolle Begleitung. Aber bestärken Sie sie in der Überzeugung, dass Anmut und Würde eines geliebten Menschen nicht von äußeren Umständen abhängen.

LIEGE AUF LAMPEDUSA

Ich mache jedes Frühjahr Urlaub auf Lampedusa. Diesmal habe ich Hemmungen. Kann ich dort Erholung suchen, wo Flüchtlinge ankommen und nicht willkommen sind?

Lampedusa – schon der Name klingt wie ein geheimnisvoller Paradiesmythos: die idyllische Hafenmole, sanfte Hügelketten und das milde Klima, das im Frühling von Afrika über das Meer weht, wenn bei uns noch die Kopfhaut unter der Wollmütze juckt. Der kleinen Insel werden in diesen Tagen die Menschen aufgeladen, die wir in Europa nicht wollen. Unser ach so christliches Abendland, das die Würde des Einzelnen für unantastbar erklärt, lässt die Menschen auf Lampedusa im Stich. Menschen schlafen in nassen Kleidern am Strand, Hochschwangere stehen vier Stunden an, um eine der Toiletten zu benutzen, Halbwüchsige stranden mit ihren Hoffnungen auf ein besseres Leben. Das Urlaubsparadies ist eine Gefängnisinsel für die, die es aus Eritrea und Äthiopien, aus Tunesien und anderswo in altersschwachen Booten Richtung Europa treibt, ins verheißene Land. Aus der Ferne noch die gefeierten Helden des Umsturzes, werden sie nun als Kriminelle hinter Gittern gehalten. Kann man dort Urlaub machen, mit dem Liegestuhl am Stacheldraht, bei Strandspaziergängen zwischen verzweifelten Menschengruppen, mit versonnenem Blick auf überfüllte Schiffe, die kurz vor dem Kentern sind? Die Antwort scheint klar: natürlich nicht. Doch was ist mit den Menschen, die vom Tourismus leben und nun ihrerseits um ihre Existenz fürchten? Der nette Vermieter, die Familie mit der verwunschenen Trattoria, in der Sie die besten Antipasti der Welt gegessen haben. Hand aufs Herz: Ist es moralischer, nach Hiddensee oder Mallorca zu fahren, nur weil man das Elend der Welt dort nicht sieht? Es hilft keinem Flüchtling, wenn Sie ein neues Urlaubsziel wählen. Besser ist es zu fragen, wie Ihr Urlaub unter diesen Bedingungen aussehen kann. Vielleicht geht Ihre Liebe zu Lampedusa so weit, dass Sie eine Hilfsorganisation unterstützen, die dort versucht, Elend zu mildern. Und fordern Sie von den Politikern in Ihrem Wahlkreis, Verantwortung zu übernehmen für das, was auf Ihrer Lieblingsinsel geschieht.

KINDER IM SCHATTEN

Im Bahnhof habe ich gemerkt,
wie mir jemand meine Geldbörse
aus der Tasche zog. Ich drehte mich
um und sah, dass ein etwa zwölf-
jähriges Roma-Mädchen die Diebin
war. Ich schimpfte mit ihm und
ließ es laufen. Hätte ich die Polizei
holen sollen?

Sie schildern eine Geschichte, aus der Charles Dickens einen ganzen Roman gemacht hat: Oliver Twist. Auch heute gibt es Schattenkinder, die als Taschendiebe überleben. Sie sind mitten unter uns, werden in Dreckslöchern gehalten wie Tiere, mit Gewalt kleingemacht und zum Stehlen animiert. Spuren sie nicht, droht ihren Familien zu Hause noch mehr Leid. Oft wurden sie entführt oder mit falschen Versprechungen gelockt. Flinke kleine Mädchen sind laut Polizeiberichten besonders beliebt. Sind sie dann älter, kann man mit ihren Körpern Geld verdienen. Das ist das harte Schicksal Tausender Kinder aus armen

Roma-Familien in Osteuropa, eine Form organisierter Kriminalität, die ganz im Dunklen bleibt. Strafmündig sind die Kinder nicht, sie sprechen nicht, Papiere haben sie auch nicht, deshalb werden sie von der Polizei wieder auf freien Fuß gesetzt – eine sichere Sache für die Erwachsenen, die sich der Kinder auf diese Weise bedienen. Der Kinderdiebe wird man nur selten habhaft. Die Polizei zu rufen nützt daher wenig. Ich finde, Sie haben richtig gehandelt. So ein Kind mal richtig auszuschimpfen, anstatt nur über es zu schimpfen, ist fast schon eine Würdigung. So reagiert man eben auf kleine Diebe, ganz gleich ob blond oder schwarzhaarig. Leider bestätigt sich nach solchen Erfahrungen wieder das alte Bild von den stehlenden Zigeunern. Wie erzählen Sie Ihren Freunden und Verwandten von der Begebenheit? Die bittere ganze Geschichte der Schattenkinder wird gern verschwiegen. Was übrig bleibt, ist ein Klischee. Hätten Sie mehr tun können? Schattenkinder sind scheu. Selbst wenn Sie versucht hätten, das Kind in gutem Willen festzuhalten und auf eine Tasse Kakao einzuladen, wie man es in seinen romantischen Träumen wohl dann und wann gerne täte, wäre es vermutlich schnell verschwunden. Es gibt aber mittlerweile Streetworker, die zumindest in den großen Städten mit großer Geduld eine Beziehung zu den Schattenkindern aufbauen. Vielleicht wollen Sie ihre Arbeit ja unterstützen. Wenn das Roma-Mädchen eine Chance auf ein Leben in Würde hätte, wäre die Geldbörse in der Tasche geblieben.

SCHÄUBLE UND DER RELIGIONSGIPFEL

Die Islamkonferenz, die vom Innenminister ins Leben gerufen wurde, scheint den Dialog mit den Muslimen eher zu erschweren als zu erleichtern. Ist die Politik nicht der falsche Ansprechpartner? Sind nicht vielmehr die Kirchen gefordert, einen Religionsgipfel zu initiieren, um das Zusammenleben und die Toleranz zwischen Christen und Muslimen zu fördern?

Als ausgerechnet der konservative Innenminister Wolfgang Schäuble die Islamkonferenz eröffnete, rieben sich viele die Augen. Sogar der Staat wollte endlich mit den Bürgern ins Gespräch kommen, die muslimischen Glaubens sind. Spätestens jetzt gehört der Islam auch öffentlich zu Deutschland. Das bedeutet auch das für die Bürger:

Ignorieren gilt nicht mehr. Miteinander reden ist angesagt, auch über Ängste, Probleme und harte Differenzen. Nein, das war kein Alibi, das war ein starkes Symbol. Und ein erster Schritt. Schließlich führt der Staat ganz selbstverständlich und regelmäßig Gespräche mit den beiden christlichen Kirchen und auch mit den jüdischen Gemeinden in Deutschland. Vielleicht spielte für den ersten Gastgeber der Konferenz auch sein Glaube eine Rolle. Der Protestant Schäuble kann die undifferenzierte Verachtung gegenüber fremden Glaubensüberzeugungen ebenso wenig leiden wie die diffuse Angst vieler Bürger vor jeglicher Art von Religion, aus der der gefährliche Traum einer religionsfreien Gesellschaft wächst. Religion gehört nun einmal in einer pluralen Gesellschaft dazu. Die Islamkonferenz verhandelt, wie diese Gesellschaft aussehen kann. Zum Alibi verkommt dieser Runde Tisch erst, wenn nicht mehr offen miteinander gesprochen wird. Die Gefahr besteht immer. Natürlich könnten auch die Kirchen einen Religionsgipfel organisieren. Vielleicht wäre das ein starkes Symbol. Doch die Kirchen haben ihre Stärke in der Nachbarschaft, in der Stadt, in der Straße. Hier leben Christen und Muslime zusammen. Hier brechen auch Konflikte auf, hier entsteht Unverständnis, Irritation und Befremden. Deshalb gibt es in Hamburg und Mannheim, in Köln und Berlin und anderswo seit langem Gespräche zwischen Moscheegemeinden und Kirchengemeinden, die zukunftsweisend sind. Natürlich gibt es auch theologische Dispute und ethische Debatten, vor allem aber gibt es einen gemeinsamen Alltag, der Vertrauen schafft, das auch für harte Kontroversen reicht. Davon brauchen wir noch mehr.

UMSTRITTENER SCHNITT

Warum setzen sich katholische und evangelische Bischöfe öffentlich für das Recht auf Beschneidung von Juden und Muslimen ein? Gehört der Einsatz gegen die Beschneidung nicht zur Botschaft des Paulus und damit zur Pflicht der Christen?

Manchmal hilft ein Blick in den biblischen Text. Der Apostel Paulus, der als Heidenmissionar denen vom neuen Bund Gottes mit den Menschen erzählt, die nicht zur jüdischen Gemeinde gehören, wehrt sich gegen den Druck, dass auch Heiden sich beschneiden lassen müssen. Das ist für die jüdische Gemeinde, aus deren Reihen Jesus kam, eine Zumutung. Deshalb tagt der erste Krisengipfel der Kirche über einem einzigen Tagesordnungspunkt. Wie sollen es die neuen Christen mit der Beschneidung halten? Von diesem Apostelkonzil wird im Neuen Testament zweimal aus unterschiedlicher Perspektive berichtet. Das Ergebnis ist so etwas wie ein heiliger Kompromiss. Juden, auch die, die sich zur Christusgemeinde zählen, halten am Ritus der Beschneidung fest. In diesem kleinen Eingriff wird der Bund Gottes mit den Menschen zeichenhaft deutlich. Die sogenannten Heiden können, wenn sie wollen (sic!), darauf verzichten. Ihre „Beschneidung des Herzens" ist ja die Taufe. Paulus hat nie die Beschneidung seiner jüdischen Brüder infrage gestellt. Wer also den jüdisch-christlichen Dialog ernst nimmt, kann nicht gegen das Recht jüdischer und muslimischer Eltern angehen, ihre Knaben nach dem gebotenen religiösen Ritus beschneiden zu lassen. Schließlich ist das Urteil des Kölner Landgerichtes ein massiver Eingriff in das Elternrecht, seine Kinder in die religiösen Traditionen einzuführen.

Was wäre, wenn eine staatliche Instanz die Kindertaufe unter Strafe stellen würde, weil in diesem Ritus das Kind zum Christentum gezwungen werde? Die Freiheit, sich gegen die Religion der Eltern zu entscheiden, ist ein hohes Gut. Diese Freiheit muss gesichert bleiben, in Kirche, Synagoge und Moschee. Aber vielleicht müssen sich Christinnen und Christen daran gewöhnen, dass es neue Bündnispartner gibt im Streit für die Freiheit der Religion als Lebensform.

DRECKIGE THESEN

Wir waren bei Freunden zu einem festlichen Abendessen eingeladen. Einer der Gäste verkündete laut die These, die Deutschen würden wegen des Holocausts für die anderen Länder in Europa zahlen. Damit müsse jetzt Schluss sein. Es folgten antisemitische Ausfälle. Mein Mann hat sich heftig mit dem Gast gestritten, alle anderen schwiegen. Nun sind unsere Freunde sauer, weil sie finden, mein Mann hätte aus Höflichkeit keinen Streit anfangen dürfen.

Weiße Tischtücher haben noch nie verhindert, dass dreckige Thesen über den Zustand der Welt durch die Gegend geschleudert werden. So liegt über dem

Stammtisch die Farbe der Wohlanständigkeit, die Gäste sind redegewandt und das Publikum nestelt höchstens betreten mit den Serviettenringen. Meistens beginnt so ein Ausfall mit dem Satz: „Man wird doch noch mal sagen dürfen." Über das vermeintliche Tabu setzt sich der so in Rage Geredete nun hinweg und dröhnt seine Ansichten heraus. Wie stinkende Gülle schwemmt manchmal auch der Antisemitismus nach oben. Wo eben noch Ratlosigkeit und Sorge über den Zustand Europas (und des eigenen Bankkontos) war, schwebt nun eine einfache Lösung über dem edlen Porzellan. So kriegt der Gast nicht nur volle Aufmerksamkeit in kleiner Runde, so werden auch Bestseller gemacht. Vermutlich hat der Tischnachbar Überschriften des Buches von Thilo Sarrazin aufgeschnappt und diese noch verschärft. Ach, tut es gut, diese politische Korrektheit über Bord zu werfen. Nach dem dritten Glas Rotwein geht es ganz leicht. Der Ekel, die Neugier oder das stillschweigende Nicken der Zuhörenden gehört zu solchen Auftritten wie der Käse nach dem Mahl. Ein Hoch auf die, die diesem gefährlichen Blödsinn Einhalt gebieten, die unterscheiden können zwischen der beängstigenden Lage in Europa und tiefen Ressentiments, zwischen Verschwörungen und Argumenten, zwischen vermeintlichen Tabus und offenkundiger politischer Ratlosigkeit. Gutes Benehmen ist nicht das Gegenteil von Wahrhaftigkeit und Widerspruchsgeist, sondern seine äußere Form. In diesem Sinne hat Ihr Mann sich gut benommen, besser als die, die feige geschwiegen haben. Bürgerlich ist nicht der, der mit Messerbänkchen umgehen kann. Bürgerlich ist der, der sich für die politische Kultur mitverantwortlich fühlt.

BÜRGER UNTER STROM

Ich bin immer schon gegen Atomkraftwerke gewesen und freue mich über die Energiewende. Jetzt gibt es Gerüchte, dass eine neue Leitungstrasse in der Nähe meines Wohnortes vorbeiführen soll. Für mich wäre der Ausblick auf Stromleitungen in der schönen Landschaft unerträglich. Kann ich mich dagegen engagieren, so wie ich früher gegen Atomkraftwerke demonstriert habe?

Ihre Frage klingt so, als hätten Sie sich selbst ertappt. Zack, da ist die Glaubwürdigkeitsfalle zugeschnappt. Sie sind in guter Gesellschaft. Die meisten Deutschen sind froh über die Aussicht, dass die Atommeiler abgeschaltet werden. „Alternative Energien" sollen sich durchsetzen, die den Beinamen „sauber" tragen. Das klingt schön, aber Offshore-Anlagen und Starkstromleitungen vom hohen Norden in den energiehungrigen Süden entsprechen nicht der romantischen Vorstellung von deutschem Wald und grünen Auen. Die Energiewende verheddert sich im Netz kommender Bürgerproteste, Leitzordnern voller Sammelklagen und sich sammelnden Protestbewegungen. Die Bürger stehen unter Strom. Der soll zwar weiter aus der Steckdose kommen, aber wer will schon durch den Berieselungsnebel des elektrischen Rasensprengers auf die eisernen Riesen schauen, die den Strom durchs Land leiten? In der Perspektive der Heimwerker ist die Sache klar: Einfach die Kabel unter die Erde verlegen. Das ist aber um ein Vierfaches teurer. Die Netzbetreiber dagegen fürchten nichts mehr als Bürgerbeteiligung. So entsteht prophylaktischer Kampfgeist, obwohl nicht einmal die künftigen Trassen der 3000 Kilometer Stromleitungen genau feststehen. Wir stecken alle in diesem doppelten Dilemma. Wir wollen saubere, preiswerte, unsichtbare, risikolose Energie, aber davon so viel wie möglich. Wer die Wende will, muss das eigene Leben ändern. Warum engagieren Sie sich nicht als gewiefter AKW-Veteran zur Abwechslung für etwas: für einen anderen Umgang mit Ressourcen, für transparentere Verfahren bei großen Infrastrukturprojekten, für unabhängige Gutachten, für lokale Energieträger und für einen bürgerschaftlichen Sinn im Umgang mit der Energiewende, der nicht am eigenen Vorgartenzaun endet?

KORAN GESCHENKT

In unserer Innenstadt wird jetzt auch kostenlos der Koran verteilt. Darf ich als Christ eines der Bücher mitnehmen oder muss ich mit den islamischen Missionaren diskutieren?

Eins muss man den Salafisten zugestehen, die mit ihrer Koranverschenkaktion von sich reden machen: Sie haben mit der Mentalität des „Am liebsten billig, noch besser umsonst" einen Nerv getroffen. „Lies!" heißt die Aktion, mit der ein islamischer Missionsverein sein heiliges Buch als Palettenware verteilt. Dabei klingt der Slogan fast nach dem Pathos gebildeter Christenmenschen. „Tolle, lege!", nimm und lies. So beschreibt der spätere Kirchenvater Augustin seine Erstbegegnung mit dem Christentum. Doch viele Muslime finden die Koranaktion mehr als ärgerlich. Hier wird ihre heilige Schrift verramscht und landet oft im Papierkorb statt auf dem Lesesessel. Und die, die den Koran so freigiebig verteilen, sind deutlich weniger großzügig, wenn es um die Auslegung der heiligen Texte geht. Sie träumen von einem Gottesstaat, sehen Frauen am liebsten voll verschleiert und rufen zur Vernichtung von Ungläubigen auf. Viele Salafisten in Deutschland sympathisieren mit gewalttätigen Aktionen, auch gegen Kirchen im Sudan. Mit diesen Fundamentalisten kann man nur schwer diskutieren.

Dabei wäre es ja eigentlich gut, wenn sich mehr Menschen mit dem Koran und seinen Auslegungstraditionen auseinandersetzten. Gehen Sie doch beim nächsten Stadtbummel in einen guten Buchladen und fragen Sie nach einem Koran und einer guten Einführung. Nach der Aufforderung „Lies!" drängt sich nämlich die nächste Frage auf. Sie gehört zu den berühmtesten Fragen des Abendlandes und ist immer noch aktuell. Philippus stellt sie im Neuen Testament einem eifrigen Bibelleser: „Verstehst du auch, was du liest?" Zum Verstehen braucht es nicht nur ein heiliges Buch, sondern auch verständige Ausleger, die den Texten einen Kontext geben. „Lies und versteh!" wäre deshalb eine gute Aktion von Kirchen, Akademien, Moscheegemeinden und allen, die finden, dass nach dem Bekenntnis zur Freiheit der Religionsausübung auch die Anstrengung des Verstehenwollens kommt. Das gibt es nicht umsonst.

BAUEN SIE BRÜCKEN!

Ich bin das Kind einer deutschen Mutter und eines griechischen Vaters. Ich fühle mich in beiden Kulturen zu Hause. Seit Jahren bin ich in unserer Kirchengemeinde engagiert, doch nun muss ich mich von den lieben Mitchristen als Steuerhinterzieherin und Verschwenderin beschimpfen lassen. Sind Gutmenschen noch böser als der Rest?

Sind Gutmenschen böser als der Rest? Der Satz könnte von Martin Luther sein. Er hat nie der Mär geglaubt, dass Christen bessere Menschen sind. Die Krämerseele, die sich da Luft verschafft, ist wohl Ausdruck einer diffusen Sorge, die sich mit den Schlagzeilen auflagenstarker Zeitungen verbindet. „Die Griechen prassen und die Deutschen zahlen die Zeche." Dummheit wächst nicht nur auf Bäumen, sie wächst auch an Kirchtürmen. Einmal abgesehen davon, dass die europäische Finanzkrise deutlich komplizierter ist als diese Parolen und die Deutschen gut an ihrer Rolle in Europa verdient haben, verwundert es, dass die Christen auch nicht über den nationalstaatlichen Zaun gucken. Griechenfeindlichkeit ist da genauso befremdlich wie Plakate mit der Bundeskanzlerin im Nazioutfit an zentralen Plätzen in Athen. Für Sie muss das wechselseitige Misstrauen, das bis zur Feindschaft geht, besonders schmerzhaft sein. Schließlich haben Sie Wurzeln in beiden Ländern. Bringen Sie zum Ausdruck, wie verletzend Sie die Sticheleien in der Gemeinde finden. Ihre Empörung hat ja nicht nur eine private Seite. Wie steht es denn um die Zukunft Europas, wenn nicht mal die Christen in der Lage sind, an eine gemeinsame Zukunft zu glauben, in der das Verbindende das Trennende überwiegt? Wir Deutsche müssten uns daran erinnern, wie man eine Gesellschaft am Tiefpunkt wieder aufrichten kann, wenn Nachbarstaaten (und ihre Kirchen) dabei helfen. Wir müssten die ersten sein, die helfen, die Brücken zur griechischen Zivilgesellschaft aufzubauen, und die mit Ideen für neue Investitionen aufbrechen, um aus Europa mehr als einen Wirtschaftsraum zu machen. Gehen Sie in die Offensive. Sie sind die ideale Brückenbauerin. Menschen wie Sie sind die Zukunft Europas. Vielleicht lässt sich die Angst der lieben Mitchristen ja wenigstens in Ihrer Gemeinde in Tatkraft verwandeln.

FLEISCHLOSER KINDERGARTEN

Meine Tochter geht in einen katholischen Kindergarten. Auch ein paar muslimische Kinder gehen dorthin. Ich habe das immer begrüßt, denn es dient ja der Integration. Nun aber hat die Leitung beschlossen, dass künftig kein Schweinefleisch mehr auf dem Speiseplan für das Mittagessen steht. Geht das nicht zu weit in einer christlichen Einrichtung?

„Iiih, ich esse nichts mit Augen!" Das ist die Reaktion der meisten Drei- bis Siebenjährigen, wenn man ihnen erklärt, wo die mundgerechten Fleischstücke im Cornflakesmantel herkommen. Das sagt zumindest eine Studie. Kinder sind nämlich intuitive Vegetarier. Was quiekt und grunzt, soll nicht auf den Teller. Ich bin mir deshalb sicher, dass die Kinder ohne Schweinefleisch in den Fleischklößen prima leben können, wenn man sie fragt. Deshalb vermute ich, es geht Ihnen nicht darum, dass Ihre Tochter künftig etwas vermissen könnte. So wenig, wie Sie vermutlich etwas vermissen, wenn der Essensplan künftig auf die religiösen Speiseregeln der Muslime eingeht. Ihnen geht es offenbar um etwas Grundsätzlicheres. Kann eine Einrichtung, die von der Kirche getragen und im Geiste des Christentums geführt wird, in dieser Weise Rücksicht auf eine religiöse Minderheit nehmen? Oder verzichtet sie so auf ihr christliches Profil? Der Apostel Paulus ist in dieser Frage eindeutig. Der Konflikt um religiöse Speiseregeln hat nämlich schon die ersten christlichen Gemeinden umgetrieben. Im Brief an die Gemeinde in Rom gibt er klare Haltungstipps: „Wenn Dein Bruder wegen Deiner Speise betrübt wird, so handelst Du nicht aus Liebe. Denn das Reich Gottes ist nicht Essen und Trinken, sondern Gerechtigkeit und Friede" (Römer 14, 15f). Entschieden votiert Paulus für die Freiheit der Christenmenschen, sich nicht über die engeren Regeln der Geschwister zu ärgern. Haltung zeigen heißt für Paulus: Freiheit zur Rücksichtnahme auf die, deren Regeln beim Essen wegen strenger Speisegesetze nicht ganz so frei sind. Im Kindergarten Ihrer Tochter lebt offenbar dieser paulinische Geist fort. Darüber sollten Sie sich freuen.

Im Übrigen bin ich mir sicher, dass die Eltern der muslimischen Kinder die Einrichtung mit Bedacht gewählt haben. Hier erfahren ihre Kinder etwas von der christlichen Religion, von der sie täglich umgeben sind. Hier erfahren sie schon beim Mittagessen den Geist des Respekts vor dem Glauben der anderen. Das fördert die Integration. Und die soll am Speiseplan nicht schon scheitern.

ASOZIALE NETZWERKE

Meine Tochter ist acht Jahre und möchte unbedingt bei Facebook mitmachen. Dafür muss sie ein falsches Geburtsdatum angeben. Ich habe ihr das verboten. Ihre Freundinnen sind längst bei Facebook, mit falscher Geburtsangabe. War ich zu hart?

Es gibt Momente, da müssen Eltern Spielverderber sein. Natürlich will jedes Kind bei Facebook sein. Nur so kann man sich in kurzer Zeit 250 Freunde verschaffen, den Schulkameradinnen, mit denen man den ganzen Vormittag in der Schule verbracht hat, eine virtuelle Nachricht darüber hinterlassen, dass der Mathelehrer doof war, und über die blöde Trine aus der Nachbarklasse lästern. Doch eine Achtjährige, die gerade einmal schreiben und lesen kann, hat keine Ahnung, was sich in einem Netzwerk sonst noch so tut. Trampen macht auch Spaß, und trotzdem würden Sie Ihre Tochter sicher nicht an der nächsten Autobahnraststätte absetzen, damit sie sich ohne Ihre Begleitung auf die Reise macht. Sie finden den Vergleich zu krass? Die Datenautobahn ist für kleine Mädchen nicht weniger gefährlich: ein unendlicher, ungeschützter Raum, in dem sich nur die souverän bewegen können, die vorsichtig sind und die Gefahren kennen. Was weiß ein kleines Mädchen schon darüber, dass die flüchtigen Kleinmädchenschreibereien nicht mehr wegzuradieren sind? Und dass nicht alle, die sich ihr als neue Freunde anbieten, diesen Namen verdienen? Wie schnell wird aus kindlichem Ärger eine Mobbingkampagne, die schon Grundschülern das Leben zur Hölle macht! Einerlei, ob das eigene Kind zur Jägerin oder zur Gejagten wird, keine Mutter und kein Vater kann das wollen. Die Rede vom „sozialen Netzwerk" vertuscht im Übrigen, dass es dem Unternehmen um handfeste Interessen geht, nämlich ihren Werbekunden ein ansprechbares Publikum zu präsentieren. Kinder sind die neue Zielgruppe. Das ist bemerkenswert, weil Kinder sich ja, wie Sie sagen, gar nicht mit ihrem echten Geburtsdatum anmelden können. Eigentlich dürfen sie deshalb gar nicht in der Facebookwelt zu Hause sein. Dieses Vertuschungsmanöver ist nicht sozial, es ist asozial. Die Raserei auf der neuen Datenautobahn macht Spaß und eröffnet jede Menge neuer Möglichkeiten, aber sie verlangt nach einem Führerschein.

UNSER SOHN WILL ZUR BUNDESWEHR

Seit 30 Jahren sind meine Frau und ich in Friedensgruppen engagiert. Unseren Sohn haben wir in diesem Geiste erzogen. Er, achtzehn, betont immer wieder, dass er unsere Werte teilt. Doch nun will er nach dem Abitur zur Bundeswehr, freiwillig. Wir sind fassungslos. Sollen wir ihm die Entscheidung ausreden?

Was waren das für Zeiten, als die Väter-Sohn-Konflikte sich massenweise so entluden, dass die Jungen sich die Haare wachsen ließen, statt beim Bund strammzustehen, lieber mit Alten, Behinderten oder Kindern ihren Zivildienst absolvierten und auf Demonstrationen „Frieden schaffen ohne Waffen" riefen. Die Welt würde durch den Einsatz von Armeen nur grausamer, mit Kriegen lässt sich nun mal kein Friede schaffen. Davon waren die Söhne überzeugt. Die Väter saßen ratlos in ihren

Hobbykellern oder schütteten einander beim Frühschoppen ihr Herz aus, viele von ihnen stumm geworden unter den Kriegserfahrungen der eigenen Jugend. Heute ist die Welt komplizierter geworden. Von politisch wachen, hoch engagierten, liberalen Eltern, die Rockmusik hören und auf Demos gehen, wenn sie den Eindruck haben, dass etwas schiefläuft in der Welt, müssen Kinder sich nicht absetzen. Das scheint auch für Ihren Sohn zu gelten. Sie sollten ihn deshalb beim Wort nehmen, wenn er versichert, dass er im Prinzip Ihr Engagement für eine friedliche Welt teilt. Sie sollten ihn aber auch ernst nehmen, wenn er glaubt, dass es dafür im Ernstfall doch Armeen geben muss, die eingreifen, um schlimmeres Leid zu verhüten. Bei drohenden Genoziden und massenhaften Menschenrechtsverletzungen etwa. Reden Sie mit Ihrem Sohn doch darüber, wieso Ihr geteiltes Engagement ihn zu einer Entscheidung veranlasst, die Sie offenkundig nicht nur als Verrat an den gemeinsamen Werten, sondern als persönlichen Verrat empfinden. Seine Entscheidung müssen Sie respektieren, wenn Ihnen an dem guten Verhältnis zu Ihrem Kind liegt. Das heißt aber nicht, dass Sie über die Rolle der Bundeswehr, über Grundsätze und ihre Durchsetzung, über gute und schlechtere Wege, Frieden zu fördern, nicht streiten sollten. Gerade weil Sie sich so nahe sind.

SCHWARM OHNE MORAL

Vor Kurzem ging vor mir auf der Straße ein Jugendlicher. Ich konnte sehen, wie ihm etwas aus der Tasche fiel. Ich habe gerufen, aber er hat nicht gehört. Als ich näher kam, sah ich, dass es ein 50-Euro-Schein war. Ich bin dem jungen Mann hinterhergerannt. Vergeblich. Was soll ich mit dem Geld machen?

Heute habe ich interessehalber mal die Schwarm-intelligenz gefragt, also jene Masse von anonymen Stimmen, die zu Ihrer Frage im Internet zu Tausenden eine Meinung verkünden. Ich wollte wissen, ob es auch so etwas wie Schwarmmoral gibt. Bei 50 Euro ist die Schwelle der Übereinstimmung überschritten. Unter dieser Summe würden es alle behalten. Ab 50 Euro gibt es eine winzige Minderheit, die findet, so viel Geld gehöre ins Fundbüro. Wichtiger Einwand der Netz-Moralisten: Da könnte ja jeder vorbeigehen und probehalber fragen: „Krieg ich meine 50, 100, 500 Euro zurück, die mir neulich aus der Tasche gefallen sind?" Denn leider stehen ja auf Scheinen, anders als auf Kreditkarten, Ausweisen und was sonst so in Geldbörsen verstaut ist, keine Namen und Adressen. Für die Mehrheit derer, die ihre Findermoral im Internet eingestellt haben, sind Sie aber schon viel zu anständig, weil Sie erst gerufen haben und dann noch hinterhergelaufen sind. So viel Engagement für einen Unbekannten finden manche nachgerade verstörend. Wie gut, dass es noch Menschen wie Sie gibt, die sich auch gegen den Strom bewegen. Bei diesem Manöver werden Haltungsfragen ja eigentlich erst akut. Der Jugendliche scheint allerdings recht fahrlässig mit seinem Geld umgegangen zu sein. Vielleicht war sein Gehörgang mit cooler Musik verstopft. Die kommt heute bekanntlich aus den kleinen weißen Stöpseln, mit denen man sich die Mitwelt erfolgreich vom Hals halten kann. Manchmal lohnt es sich aber doch, mit offenen Ohren durch die Welt zu gehen. Der Spruch ist zwar schon ziemlich angegraut, aber leider immer noch wahr: Aus Schaden wird man (manchmal) klug. Über das Geld freut sich sicher ein soziales Projekt in Ihrer Nähe, das sich um junge Leute kümmert, die von 50 Euro in der Tasche nur träumen können.

STRÄFLICH MÜTTERLICH

Seit Jahren bin ich als einzige Frau in leitender Position in einem traditionsbewussten Unternehmen tätig. Nun bin ich Mutter geworden. Meine Tochter ist gut betreut und ich liebe meine Arbeit, aber wenn ich wegen der Kleinen mal früher gehen muss, rede ich mich mit wichtigen Terminen heraus, weil mein Chef mir klar gesagt hat, dass ich als Mutter in einer Führungsposition „unter Bewährung" stünde. Die Schummelei macht mir großen Kummer, aber ich will auch meinen Job nicht verlieren.

 Was ist das für eine Welt, in der erfolgreiche Mütter um ihrer Kinder willen schummeln und lügen, damit sie keine Nachteile am Arbeitsplatz haben? Die Schummeleien wären hinnehmbar, wenn nicht mit jeder Notlüge auch die eigene Existenz zur Hälfte verleugnet werden müsste. Sie sind wahrlich nicht die Einzige, die sich mit Tricks und vorgeschobenen Terminen vor handfesten Nachteilen schützt. Warum eigentlich? Arbeiten Sie schlechter als Ihre Kollegen, seit Sie Mutter sind? Alle wissenschaftlichen Daten sprechen dafür, dass Mütter besser organisiert sind, krisenfester und stressresistenter als Berufstätige ohne Kinder oder Väter, die mit der Erziehungsarbeit nur am Wochenende in Berührung kommen. Ihr Chef müsste sich freuen, dass Sie weiter für ihn arbeiten. Wurde je ein Kollege „unter Bewährung" gestellt, weil er Vater geworden ist? Die Sprache, die aus der Elternschaft eine Straftat fürs Unternehmen macht, ist nicht nur empörend, sondern auch dumm. Hand aufs Herz: Sind Sie in diesem Unternehmen wirklich richtig? Oder finden Sie mit Ihrer Qualifikation nicht auch einen Job, der Mütter mit Führungsaufgaben betraut? Zugegeben, das ist schwierig. Suchen Sie unter den Kollegen Verbündete. Vielleicht gibt es einen jungen Vater, der sein Kind nicht nur schlafend sehen möchte? Vielleicht haben Sie Ideen, wie die Arbeit familienfreundlicher organisiert werden könnte? Kürzlich gab ein mittelständischer Unternehmer zu, dass es eines Eklats in der Familie bedurfte, bis er seine Position geändert hat. Seine Tochter, eine erfolgreiche Anwältin, hat nach der Geburt des ersten Kindes die Kanzlei verlassen, weil man ihr bedeutet hat, dass ihre Karriere nun zu Ende sei. Mit Schrecken sah er, dass er sich nicht viel anders verhalten hätte. Hat Ihr Chef vielleicht eine Tochter?

DER FREMDLESER

Wir sind eine gute Hausgemeinschaft, lauter ältere Damen und Ehepaare. Allerdings verschwinden regelmäßig in aller Herrgottsfrühe die Tageszeitungen, die der Bote morgens auf die Treppe legt. Meine Nachbarinnen haben sich schon beschwert. Ich habe gesehen, dass sie der einzige junge Mieter des Hauses nimmt, ein Student. Er ist ein höflicher und humorvoller Bursche, der mir oft schwere Taschen trägt. Muss ich ihn verpetzen?

Natürlich könnten Sie den jungen Mann an Ihre Nachbarinnen ausliefern. Die werden ihm schon nicht den Kopf abreißen. Morgendlicher Zeitungsklau ist

Diebstahl und keine jugendliche Unbedachtheit. Vielleicht hat der Herr Student kein Unrechtsbewusstsein. Die Zeitungen liegen auf der Treppe. In der Universität stolpert der Mann an jeder Ecke über kostenlose Blätter zum Mitnehmen. Ein Klick im Internet, und eine Zeitungsoberfläche erscheint auf dem Bildschirm des Computers. Für die Generation der Abonnenten ist das schwer nachvollziehbar, aber Ihr junger Langfinger hat vermutlich ein lockereres Verhältnis zum Eigentum von Druckerzeugnissen als Sie. Eine kleine Abreibung durch einen Pulk älterer Damen kann nichts schaden.

Aber da Sie seinen Humor erwähnen, gibt es auch eine elegantere Möglichkeit, den Dieb über Eigentumsverhältnisse aufzuklären, ohne dass Sie selbst seinen Namen preisgeben. Wenn Sie ihn selbst nicht zur Rede stellen wollen, werfen Sie doch einen Zettel in seinen Briefkasten. „Ich weiß, dass Sie fremdlesen. Eine wohlwollende Nachbarin." Bei der Lektüre sollte er einen roten Kopf bekommen, sich eine Weile schämen und von nun an die Zeitungen der Nachbarinnen links liegen lassen, wenn er in der Frühe von einer Party kommt. Sie könnten ihm auch bei nächster Gelegenheit, wenn er sich hilfsbereit zeigt, ein Probeabo der Zeitung schenken. Oder anbieten, ihm das gelesene Blatt kostenlos zu geben. Wenn er nur halb so intelligent ist, wie ein Studium es verlangt, liegen bald alle Zeitungen morgens friedlich auf dem Treppenabsatz, ohne dass Sie in Loyalitätskonflikte geraten.

MITHÖREN NERVT

Während einer längeren Zugfahrt saß hinter mir ein junger Mann, der zwei Stunden durchgehend telefonierte. Offenbar trug er per Mobiltelefon einen Familienstreit aus, den mit zu verfolgen ich gezwungen war. Niemand beschwerte sich. Ich frage mich, ob man dagegen nichts tun sollte. Oder ist das eine unzulässige Einmischung?

Sekretärinnen anbrüllen, den Zustand von Gallenblasen und Ehen in aller Breite diskutieren, Musik so hören, dass die Umgebung ungefragt in den Hörgenuss kommt – es ist dank der mobilen Telefone leider kaum noch möglich, dem Privatleben völlig Unbekannter zu entgehen. Offenbar glauben auch noch zwei Jahrzehnte nach dieser praktischen technischen Innovation viele Leute, um sie herum wachse eine unsichtbare Telefonzelle, wenn sie zum

Telefon greifen. Dieser Illusion geben sich nicht nur junge Leute hin. Es ist wie mit dem Nasebohren im Auto. Da glauben sich auch viele unbeobachtet und privat. Herren in feinem Zwirn und Damen, denen die Etikette vermutlich nicht unwichtig ist, fallen darauf herein. Dazu kommt der Schreiton, wenn die Verbindung wackelt. Das ist mehr als nur Lärmbelästigung. Zuhören müssen, wenn die Intuition „weghören" sagt, ist schamlos und für die, die mithören müssen, oft genug beschämend. Wir lauschen ja auch nicht an fremden Türen. Der Unterschied zwischen öffentlichem und privatem Raum verwischt immer mehr, es bleibt die Peinlichkeit. Sagen Sie es ruhig, auch wenn der so bei seinem Redefluss Unterbrochene Sie verständnislos oder mit genervtem Augenrollen ansieht. Vermutlich weiß der Telefonierer in der Hitze des telefonischen Gefechts gar nicht, was er in aller Öffentlichkeit verrät. Fragen Sie ihn, wie er sich fühlen würde, wenn Sie diesen Streit in seinem Wohnzimmer mit anhören könnten. Eine höfliche Bitte reicht da manchmal. Oder der Verweis auf die Abteile, die für diese Art öffentlicher Ruhestörung ausgezeichnet sind. Da schreien alle in ihre Handys und keiner hört zu. Wenn das nicht hilft, kann es auch mal etwas schroffer sein. Wer sich wie bei sich zu Hause benimmt, muss riskieren, dass jemand auch mal wie zu Hause ein schlichtes „Das nervt" raunzt. Neulich war ich Zeugin einer sehr wirksamen Lösung. Jemand redete schon eine halbe Stunde auf einen unsichtbaren Gesprächspartner ein und wurde immer ungehaltener. Da beugte sich ein Reisender zu ihm und sagte: „Soll ich da mal mit Ihrem Kollegen sprechen? Dann haben wir alle Ruhe!"

PETRA BAHR, geboren 1966, studierte nach einer journalistischen Ausbildung Theologie und Philosophie und promovierte über Immanuel Kant. Seit 2006 ist die Pfarrerin Kulturbeauftragte des Rates der Evangelischen Kirche in Deutschland. Sie ermutigt zur Gelassenheit bei Fragen von Geschmack und zu unmissverständlicher Parteinahme, wo es um Schutzbefohlene und Andersdenkende geht. Ihr Credo: „Der christliche Glaube gehört nicht in dunkle, stickige Gebäude – er lebt von der engagierten Zeitgenossenschaft an der frischen Luft, auch wenn es mal etwas zugig werden kann."

PATRIK SCHWARZ, geboren 1970, ist Redakteur für besondere Aufgaben der Wochenzeitung DIE ZEIT und Herausgeber von „Christ & Welt". Er hat die Kolumne „Haltung zeigen" konzipiert.